상명대학교 한일문화연구소 번역총서 06

고등소학독본 6

일러두기

1. 이 책은 문부성文部省 총무국総務局 도서과図書課 소장판 『고등소학독본高等小學讀本』 (1888, 문부성)을 완역한 것이다. 단, 누락된 페이지의 경우에는 문부성 편집국編 集局 소장판을 저본으로 하였다.
2. 연구 자료로서의 가치를 높이기 위해 한국어 완역과 원문을 함께 실었다.
3. 국립국어원의 한글맞춤법과 외래어 표기법에 따랐다.
4. 일본어 문말 어미가 통일되어 있지 않은 경우, 문체의 일관성을 위해 한국어 번역에서는 통일했다.
5. 일본의 인명, 지명, 서적명 등은 일본식 음독과 원서의 표기를 따랐으나 이미 한국 내에서 통용 중인 용어는 한국식 표기를 따랐다.

   예) 도쿄東京, 아시아亜細亜州, 오사카성大坂城
6. 중국의 인명, 지명, 서적명 등은 한국식 음독으로 표기했다.
7. 자연스러운 한국어역을 위해 원문에 없는 문장부호를 사용하였다.
8. 한자표기는 원문에 따랐다.
9. 낙자, 오식 등은 교정하여 번역하였다.
10. 서명은 『 』, 글의 제목은 「 」로 표시했다.
11. 연호는 서기연도연호로 표기하였다.
12. 지명과 인명의 초출 한자는 매 과마다 한 번씩 제시했다. 일반 어휘 중에서는 일본어 한자표기가 한국어 번역어와 차이가 있는 경우, 번역어라도 독자의 이해를 위한 경우에는 한자어를 병기했다.
13. 원문의 매 과 말미에 제시되는 난독 한자와 어휘의 주해는 본문 안에 *로 표기하였 으나 해설과 단어가 같은 경우에는 해설을 생략하였다.
14. 도량형은 원문대로 명기한 후 현대의 도량법으로 환산하였다.

   예) 5~6정町(545~654m)

상명대학교 한일문화연구소 번역총서 06

高等小學讀本

6

성윤아 옮김

경진출판

일본 문부성 『고등소학독본』

　　근대 일본은 메이지시대에 급격한 교육제도의 변화를 겪는다. 1872년 프랑스의 학구제를 모방해 지역을 나누어 교육기관을 설치하는 '학제(學制)'가 공포되자 적절한 교과서의 편찬은 급선무가 되었다. 당시에는 1860년대 미국의 초등교육 교재인 『Willson's Reader』를 번역하여[1] 교과서로 발행하는 등 서구의 교과서를 번역 출간하는 데 힘을 기울였고 당시의 지식인들에게도 서구의 지리나 근대과학을 소개하는 것이 계몽운동의 중요한 일 중 하나였기에 급속도로 번역교과서가 발행되었다. 그러나 1879년에 '학제'가 폐지되고 '교육령(教育令)'이 공포되면서 교과서는 새로운 전기를 맞이한다. 문부성의 관리이자 이와쿠라(岩倉) 사절단의 일원인 다나카 후지마로(田中不二麻呂)가 미국을 다녀온 뒤 교육의 권한을 지방으로 위탁해야 한다고 주장한 것이다. 이에 '교육령' 공포로 인해 지방의 교육 권한이 대폭 강화되었다. 아직 성숙한 교육시스템이 정착되지 않았던

---

1) 한국의 『Willson's Reader』와 연관한 선행연구로는 『국민소학독본』의 과학사적 내용을 비교, 검토한 연구가 있다(박종석·김수정(2013), 「1895년에 발간된 『국민소학독본』의 과학교육사적 의의」, 『한국과학교육학회지』 33호). 1895년 5월 1일 외부대신 김윤식이 주일공사관 사무서리 한영원에게 일본의 심상사범학교와 고등사범학교의 교과서를 구득하여 보낼 것(舊韓國外交文書 3 日案 3623號 高宗 32年 5月 1日)을 지시한 것으로 미루어보아 『Willson's Reader』를 참고한 일본의 『고등소학독본』을 그 저본으로 삼은 것을 알 수 있다.

일본에서 오히려 이 교육령으로 인해 학제가 구축해놓은 질서가 붕괴되자 많은 비난이 일었다. 그러자 그 1년 뒤인 1880년 '개정교육령'이 공포되고, 그 해 3월에 문부성이 편집국을 설치하고 교과서로 부적당하다고 판단되는 것은 부현(府県)에 통지하여 사용을 금지했다. 1883년에는 교과서 인가제도가 시행되어 문부성의 인가를 얻어야만 교과서로 사용할 수 있게 되었다. 1885년에는 초대 문부대신 모리 아리노리(森有礼)가 취임하여 1886년 3월 제국대학령(帝國大學令), 4월 사범학교령(師範學校令), 소학교령(小學校令), 중학교령(中學校令)을 연이어 공포함으로써 근대학교제도의 기반을 확립했으며, 1887년부터 '교과용도서 검정규칙(教科用圖書檢定規則)'[2]을 시행함으로써 교과서의 검정제도가 시작되기에 이른다.

1886년에 제1차 소학교령[3] 공포로 소학교를 심상소학교(尋常小學校)와 고등소학교(高等小學校)의 두 단계로 하여 각각 4년씩 총 8년의 초등교육을 시행하게 된다. 이 시기에 문부성에서 발간한 3가지 독본이 『독서입문(読書入門)』(1권), 『심상소학독본(尋常小學読本)』(7권), 『고등소학독본(高等小学読本)』(8권 예정, 7권 편찬)이다. 다른 교과서는 공모를 통해 출간하는 경우도 있었으나 이 세 독본은 문부성에서 직접 발간했는데, 이는 검정 시기 민간 교과서에 하나의 표준을 보여주기 위해 편찬한 것으로 독본의 출판을 통해 교과서의 개선을 도모하려고 한 것을 알 수 있다.

---

[2] 1887년 5월 7일 관보를 살펴보면 검정규칙의 취지는 교과용 도서로 사용하는데 폐해가 없다는 것을 증명하는 데 있으며 문부성에서 교과용 도서에 대한 허가를 반드시 받아야 함을 명시하고 있다(第1條 教科用圖書ノ檢定ハ止夕圖書ノ教科用タルニ弊害ナキコトヲ證明スルヲ旨トシ其教科用上ノ優劣ヲ問ハサルモノトス).

[3] 1886년 4월 10일 관보(官報)의 '소학교령'을 살펴보면 제1조에 심상소학, 고등소학 2단계 설치를 명시하고 있다(第1條 小學校ヲ分チテ高等尋常ノ二等トス). 그 이전에는 1881년 '소학교교칙강령(小學校教則綱領)'에 의해 초등, 중등, 고등의 3단계 교육을 실시하였다(第1條 小學科を分て初等中等高等の三等とす).

1888년에 일본 문부성에서 펴낸『고등소학독본』은 1887년에 간행된『심상소학독본』의 학습을 마친 뒤 연계하여 교육하는 교과서로 당초 총 8권을 발행할 예정이었으나, 1890년 10월 제2차 '소학교령(小学校令)'4)의 개정과 '교육칙어(教育勅語)'5)의 공포로 인해 편집방침이 바뀌면서 1889년 10월 제7권의 간행을 마지막으로 중단되었다.6) 여기에는 '소학교의 학과 및 그 정도(小學校ノ學科及其程度)'7)에 따라 소학교 교과서에 이과(理科) 과목이 새롭게 실렸다. 또한, 검정제도를 구체화한 법규들이 공포된 뒤에 간행된 교과서로, 서양의 실용주의적 학문을 받아들이려 했던 당시의 교육 근대화 및 교육사를 연구하는 데 매우 중요하다고 할 수 있다.

〈표 1〉『고등소학독본』 편찬 시기 주요 사항

날짜	교육 관련 법규
1879년	'학제' 폐지, '교육령' 공포
1880년	'개정교육령' 공포
1880년 3월	문부성 편집국 설치, 교과서 편찬 착수
1881년	소학교교칙강령

---

4) 소학교의 교육 목적을 아동신체의 발달에 유의하여 도덕교육 및 국민 교육의 기초 그리고 그 생활에 필수가 되는 지식, 기능의 전수를 취지로 삼았으며, 의무교육인 심상소학교의 수업연한을 3년 또는 4년으로 했다. 고등소학교의 수업연한을 2~4년으로 했다.

5) '교육에 관한 칙어(교육칙어)'는 1890년 10월 30일 궁중에서 메이지(明治)천황이 야마가타 아리토모(山縣有朋) 내각총리대신과 요시카와 아키마사(芳川顕正) 문부대신에게 내린 칙어이다. 이는 메이지유신 이후 일본제국에서 수신, 도덕교육의 근본규범이 되었다.

6)『고등소학독본』 서언에 '이 책은 본국(本局)에서 편찬한 심상소학독본에 이어 고등소학과 1학년 초부터 4학년 말까지의 아동들에게 독서를 가르칠 용도로 제공하기 위해 편찬한 것으로 모두 8권으로 이루어져있다.'라 명시하고 있다.

7) 수신, 독서, 작문, 습자, 지리, 역사, 이과의 학습 내용 및 학습 정도를 명기하고 있는데 그 이전에 공포되었던 '소학교교칙강령'과 비교해보면 이 중 이과는 신설된 것으로 그 이전까지는 물리, 화학, 박물, 생리로 나뉘어 있었다.

날짜	교육 관련 법규
1883년	문부성 교과서 인가제도
1885년	모리 아리노리 초대 문부대신 취임
1886년	교과서 검정제도
1886년 4월	소학교령(1차)
1886년 5월	'교과용도서검정조례', '소학교 학과 및 그 정도'
1887년 3월	공사립소학교 교과용도서 선정방법
1887년 5월	교과용도서검정규칙
1887년	『심상소학독본』 편찬
1888년	『고등소학독본』 편찬
1889년	'대일본제국헌법' 발포
1890년	소학교령(2차)

　『고등소학독본』은 일본의 고등소학교용 국어독본이다. 고등소학
(高等小學)은 1886년부터 1941년까지 설치된 교육기관으로 심상소
학교(尋常小學校)를 졸업한 사람이 다녔던 학교 기관이다. 오늘날의
학제로 말하자면 초등학교 고학년에서 중학교에 해당되는 것이라
할 수 있다. 『고등소학독본』은 『심상소학독본』에 비해 수준이 높은
문장으로 쓰여 있으며 문어체 문장이 주류를 이룬다.8) 표기는 대부
분 한자와 가타가나(カタカナ)이며, 한시는 한문으로, 운문은 히라가
나(平假名)로 표기했다. 인쇄도 근대적인 명조체의 활자체로 통일되
어 있다. 총7권으로, 다음 〈표 2~8〉9)과 같이 1권 37과, 2권 34과,

---

8) 1886년 5월 제정 '소학교의 학과 및 그 정도' 제10조 '독서' 규정에 '심상소학과에서는
가나, 가나 단어, 단구(短句), 간소한 한자가 혼용된 단구 및 지리·역사·이과의 사항을
넣은 한자혼용문, 고등소학과에서는 다소 이것보다 높은 수준의 한자혼용문'으로 되어
있다(『官報』, 1886년 5월 25일, 1면).

9) 제재 분류는 가이 유이치로(甲斐雄一郎, 2006), 「제1기 국정국어교과서 편찬방침의 결
정방침에 관한 조사연구(第一期国定国語教科書の編集方針の決定過程についての調査
研究)」의 분류에 따라 지리교재(일본지리, 외국지리), 역사교재(고대, 중세, 근세, 근
대), 이과교재(식물, 동물, 광석, 생리, 자연·천문, 물리), 실업교과 교재(농업, 상업, 공
업, 무역), 국민교과 교재(황실, 군사, 제도 등), 기타(수신, 설화, 자연)로 나누어 작성하
였다.

3권 36과, 4권 35과, 5권 37과, 6권 36과, 7권 36과로 총7권 251개과로 구성되어 있다.

〈표 2〉『고등소학독본』 권1 단원 구성

단원	단원명(원제)	단원명(한국어 번역)	제재
1	吾国	우리나라	지리(일본)
2	知識ヲ得ルノ方法	지식을 얻는 방법	기타(수신)
3	子鹿ノ話	아기사슴 이야기	기타(수신)
4	都会	도회	지리(일본)
5	東京	도쿄	지리(일본)
6	兄ノ親切	오빠의 친절	이과(식물)
7	吾家	우리집	기타(수신)
8	日本古代ノ略説	일본 고대의 개요	역사(일본고대)
9	京都	교토	지리(일본)
10	日本武尊ノ武勇	야마토 다케루노미코토의 용맹	역사(일본고대)
11	一滴水ノ話	한방울의 물 이야기	이과(자연)
12	閨の板戸	침실의 널문	기타(수신)
13	日本武尊ノ東夷征伐	야마토 타케루노미코토의 오랑캐 정벌	역사(일본고대)
14	木炭	목탄	실업
15	大江某ノ話	오오에 아무개의 이야기	기타(수신)
16	商売及交易	상업 및 교역	국민
17	大阪	오사카	지리(일본)
18	上古ノ人民一	상고시대 사람들1	역사(일본고대)
19	上古ノ人民二	상고시대 사람들2	역사(일본고대)
20	栄行ク御代	번영해가는 천황의 치세	기타(수신)
21	雞ノ話	닭 이야기	이과(동물)
22	海岸	해안	지리
23	横濱	요코하마	지리(일본)
24	菜豆	까치콩	이과(식물)
25	三韓ノ降服	삼한의 항복	역사(일본고대)
26	時計	시계	이과(물리)
27	犬ノ話	개 이야기	이과(동물)
28	雲ト雨トノ話	구름과 비의 이야기	이과(자연)

단원	단원명(원제)	단원명(한국어 번역)	제재
29	雲	구름	기타(자연)
30	文學ノ渡来	문학의 도래	역사(일본고대)
31	海中ノ花園	바다 속 화원	이과(동물)
32	長崎一	나가사키1	지리(일본)
33	長崎二	나가사키2	지리(일본)
34	長崎三	나가사키3	지리(일본)
35	書籍	서적	기타(수신)
36	茶ノ話	차 이야기	이과(식물)
37	手ノ働	손의 기능	이과(생리)

〈표 3〉『고등소학독본』권2 단원 구성

단원	단원명(원제)	단원명(한국어 번역)	제재
1	皇統一系	황통일계	국민
2	神器國旗	신기와 국기	국민
3	兵庫神戶	효고와 고베	지리(일본)
4	火ノ話	불 이야기	이과(물리)
5	佛法ノ渡来	불법의 도래	역사(일본고대)
6	猫ノ話	고양이 이야기	이과(동물)
7	怨ニ報ユルニ德ヲ以テス	원수를 덕으로 갚다	기타(수신)
8	新潟	니가타	지리(일본)
9	氷ノ話	얼음이야기	이과(물리)
10	藤原氏一	후지하라 가문1	역사(일본고대)
11	藤原氏二	후지하라 가문2	역사(일본고대)
12	虎ノ話	호랑이 이야기	이과(동물)
13	上毛野形名ノ妻	감즈케누노 가타나의 아내	역사(일본고대)
14	函館	하코다테	지리(일본)
15	木綿	목면	이과(식물)
16	後三條天皇	고산조 천황	역사
17	狼ノ話	늑대 이야기	이과(동물)
18	金澤 金沢	가나자와	지리(일본)
19	砂糖ノ製造	설탕의 제조	실업
20	根ノ話	뿌리 이야기	이과(식물)
21	遣唐使	견당사	역사(일본고대)

단원	단원명(원제)	단원명(한국어 번역)	제재
22	山ト河トノ話	산과 강 이야기	기타(수신)
23	象ノ話一	코끼리 이야기1	이과(동물)
24	象ノ話二	코끼리 이야기2	이과(동물)
25	名古屋	나고야	지리(일본)
26	植物ノ增殖 增殖	식물의 증식	이과(식물)
27	恩義ヲ知リタル罪人	은혜와 신의를 아는 죄인	기타(설화)
28	留學生	유학생	역사(일본고대)
29	仙臺 仙台	센다이	지리(일본)
30	葉ノ形狀	잎의 형상	이과(식물)
31	僧空海ノ傳	승려 구카이 전	역사(일본고대)
32	二ツノ息一	두 가지 숨1	이과(생리)
33	二ツノ息二	두 가지 숨2	이과(생리)
34	奇妙ナ菌	기묘한 버섯	이과(식물)

〈표 4〉『고등소학독본』권3 단원 구성

단원	단원명(원제)	단원명(한국어 번역)	제재
1	親切ノ返報	친절에 대한 보답	기타(설화)
2	中世ノ風俗一	중세의 풍속1	역사(일본중세)
3	中世ノ風俗二	중세의 풍속2	역사(일본중세)
4	獅子	사자	이과(동물)
5	植物ノ變化	식물의 변화	이과(식물)
6	保元平治ノ亂	호겐의 난, 헤이지의 난	역사(일본중세)
7	古代ノ戰爭一	고대의 전쟁1	역사(일본중세)
8	古代ノ戰爭二	고대의 전쟁2	역사(일본중세)
9	太平ノ曲	태평곡	국민
10	鯨獵	고래잡이	이과(동물)
11	廣島	히로시마	지리(일본)
12	鹿谷ノ軍評定	시카타니의 군 작전회의	역사(일본중세)
13	空氣	공기	이과(물리)
14	植物ノ睡眠	식물의 수면	이과(식물)
15	源賴政兵ヲ起ス	미나모토노 요리마사의 거병	역사(일본중세)
16	渡邊競ノ話	와타나베 기오의 이야기	역사(일본중세)
17	水ノ作用	물의 작용	이과(물리)

단원	단원명(원제)	단원명(한국어 번역)	제재
18	和歌山	와카야마	지리(일본)
19	駱駝	낙타	이과(동물)
20	陶器ノ製法	도기의 제조법	실업
21	源賴朝ノ傳一	미나모토노 요리토모 전1	역사(일본중세)
22	源賴朝ノ傳二	미나모토노 요리토모 전2	역사(일본중세)
23	賴朝ヲ論ズ	요리토모를 논하다	역사(일본중세)
24	花ノ形狀	꽃의 형상	이과(식물)
25	鹿兒島	가고시마	지리(일본)
26	鳥ノ話	새 이야기	이과(동물)
27	兵權武門二歸ス	병권이 무가로 돌아오다	역사(일본중세)
28	鎌倉時代ノ槪說一	가마쿠라시대 개설1	역사(일본중세)
29	鎌倉時代ノ槪說二	가마쿠라시대 개설2	역사(일본중세)
30	果實ノ話	과실 이야기	이과(식물)
31	駝鳥	타조	이과(동물)
32	老農ノ談話	늙은 농부의 말	기타(수신)
33	小枝	잔가지	기타(수신)
34	氣管及食道	기관 및 식도	이과(생리)
35	風船ノ話	기구 이야기	이과(물리)
36	仲國勅使トシテ小督局ヲ訪フ	나카쿠니가 칙사로서 고고노 쓰보네를 방문하다	역사(일본중세)

〈표 5〉『고등소학독본』권4 단원 구성

단원	단원명(원제)	단원명(한국어 번역)	제재
1	狩野元信ノ話	가노 모토노부 이야기	기타(수신)
2	勉强	공부	기타(수신)
3	勸學の歌	권학의 노래	기타(수신)
4	北條泰時ノ傳一	호조 야스토키 전1	역사(일본중세)
5	北條泰時ノ傳二	호조 야스토키 전2	역사(일본중세)
6	氣候ノ話	기후 이야기	이과(자연)
7	條約國	조약국	지리(세계)
8	北京	베이징	지리(세계)
9	鰐魚	악어	이과(동물)
10	知識ノ話	지식 이야기	기타(수신)

단원	단원명(원제)	단원명(한국어 번역)	제재
11	北條時賴ノ行脚	호조 도키요리의 행각	역사(일본중세)
12	亞米利加發見一	아메리카 발견1	지리(세계)
13	亞米利加發見二	아메리카 발견2	지리(세계)
14	海狸	비버	이과(동물)
15	寒暖計	온도계	이과(물리)
16	桑方西斯哥	샌프란시스코	지리(세계)
17	油ノ種類	기름의 종류	이과(식물)
18	蒙古來寇	몽골 침입	역사(일본중세)
19	蒙古來	몽골군이 오다	역사(일본중세)
20	風ノ原因一	바람의 원인1	이과(자연)
21	風ノ原因二	바람의 원인2	이과(자연)
22	通氣	통기	이과(생리)
23	漆ノ話	옻 이야기	실업
24	大塔宮	다이토노미야	역사(일본중세)
25	節儉	검약	기타(수신)
26	泳氣鐘	영기종	이과(물리)
27	楠正成ノ忠戰	구스노키 마사시게의 충전	역사(일본중세)
28	皇國の民	황국의 백성	국민
29	紐約克	뉴욕	지리(세계)
30	北條氏ノ滅亡	호조 가문의 멸망	역사(일본중세)
31	安東聖秀ノ義氣	안도 쇼슈의 의기	역사(일본중세)
32	動物ノ天性	동물의 천성	이과(동물)
33	楠正成ノ遺誡	구스노키 마사시게의 유훈	역사(일본중세)
34	俊基關東下向	도시모토, 간토로 내려가라	역사(일본중세)
35	佐野天德寺琵琶ヲ聽ク	사노 덴토쿠지가 비파를 듣다	역사(일본중세)
36	一塊ノ石	한 덩어리의 돌	이과(광물)

〈표 6〉 『고등소학독본』 권5 단원 구성

단원	단원명(원제)	단원명(한국어 번역)	제재
1	貨幣ノ必要	화폐의 필요	국민
2	貨幣ヲ論ズ	화폐를 논하다	국민
3	殊勝ナル小童ノ成長シテ殊勝ナル人ト爲リタル話一	뛰어난 아이가 성장해서 뛰어난 사람이 된 이야기1	기타(설화)

단원	단원명(원제)	단원명(한국어 번역)	제재
4	殊勝ナル小童ノ成長シテ殊勝ナル人ト爲リタル話二	뛰어난 아이가 성장해서 뛰어난 사람이 된 이야기2	기타(설화)
5	足利時代ノ概説一	아시카가시대 개론1	역사(일본중세)
6	足利時代ノ概説二	아시카가시대 개론2	역사(일본중세)
7	足利時代ノ概説三	아시카가시대 개론3	역사(일본중세)
8	コルクノ話	코르크 이야기	이과(식물)
9	波士敦	보스턴	지리(세계)
10	槓杆	지렛대	이과(물리)
11	苦學ノ結果一	고학의 결과1	기타(설화)
12	苦學ノ結果二	고학의 결과2	기타(설화)
13	潮汐	조석	이과(자연)
14	蜂房	벌집	이과(동물)
15	吸子	흡착기	이과(물리)
16	武人割據	무인 할거	역사(일본중세)
17	咏史二首	영사(咏史) 2수	역사(일본중세)
18	費拉特費	필라델피아	지리(세계)
19	子ヲ奪ハレタル話	아이를 빼앗긴 이야기	기타(설화)
20	貨幣ノ商品タルベキ價格	상품의 적절한 화폐가격	국민
21	貨幣鑄造	화폐주조	국민
22	武田信玄	다케다 신겐	역사(일본중세)
23	貧人及富人一	가난한 사람과 부자1	기타(수신)
24	貧人及富人二	가난한 사람과 부자2	기타(수신)
25	日月ノ蝕	일식과 월식	이과(자연)
26	ポンプ	펌프	이과(물리)
27	上杉謙信	우에스기 겐신	역사(일본중세)
28	咏史二首	영사(咏史) 2수	역사(일본중세)
29	合衆國ノ鑛業	합중국의 광업	지리(세계)
30	貨幣ハ勤勞ヲ交換スル媒介ナリ	화폐는 근로를 교환하는 매개	국민
31	元素	원소	이과(물리)
32	毛利元就	모리 모토나리	역사(일본중세)
33	瓦斯	가스	이과(물리)
34	時間ヲ守ル可シ	시간을 지켜야한다	기타(수신)
35	目ノ話	눈 이야기	이과(생리)

〈표 7〉『고등소학독본』권6 단원 구성

단원	단원명(원제)	단원명(한국어 번역)	제재
1	家僕ノ忠愛	하인의 충정	기타(설화)
2	洋流	해류	이과(자연)
3	織田豊臣時代ノ槪說一	오다·도요토미시대 개설1	역사(일본중세)
4	織田豊臣時代ノ槪說二	오다·도요토미시대 개설2	역사(일본중세)
5	織田豊臣時代ノ槪說三	오다·도요토미시대 개설3	역사(일본중세)
6	資本	자본	국민
7	熱	열	이과(물리)
8	倫敦 ロンドン	런던	지리(세계)
9	豊臣秀吉ノ傳一	도요토미 히데요시 전1	역사(일본중세)
10	豊臣秀吉ノ傳二	도요토미 히데요시 전2	역사(일본중세)
11	秀吉ヲ論ズ	히데요시를 논하다	역사(일본중세)
12	窄鞋奴	신발 신겨주는 노비	역사(일본중세)
13	蒸氣機關	증기기관	이과(물리)
14	ステブンソンノ傳一	스티븐슨 전1	역사(세계사)
15	ステブンソンノ傳二	스티븐슨 전2	역사(세계사)
16	價ノ高低	가치의 높고 낮음	국민
17	英吉利ノ商業一	영국의 상업1	지리(세계)
18	英吉利ノ商業二	영국의 상업2	지리(세계)
19	關原ノ戰一	세키가하라 전투1	역사(일본중세)
20	關原ノ戰二	세키가하라 전투2	역사(일본중세)
21	巴黎	파리	지리(세계)
22	德川家康ノ傳一	도쿠가와 이에야스 전1	역사(일본근세)
23	德川家康ノ傳二	도쿠가와 이에야스 전2	역사(일본근세)
24	德川家康ノ行狀	도쿠가와 이에야스의 행적	역사(일본근세)
25	佛蘭西ノ工業	프랑스의 공업	지리(세계)
26	電気	전기	이과(물리)
27	電光	번갯불	이과(자연)
28	フランクリンノ傳	프랭클린 전	역사(세계사)
29	職業ノ選擇	직업의 선택	국민
30	石田三成ノ傳	이시다 미쓰나리 전	역사(일본중세)
31	伯林	베를린	지리(세계)
32	光線ノ屈折	광선의 굴절	이과(물리)
33	儉約ノ戒	검약의 훈계	기타(수신)

단원	단원명(원제)	단원명(한국어 번역)	제재
34	林羅山ノ傳	하야시 라잔 전	역사(일본근세)
35	太陽系	태양계	이과(천문)
36	理學上ノ昔話	이학의 옛이야기	이과(물리)
37	日射力及其事業	태양열과 그 작용	이과(자연)

〈표 8〉『고등소학독본』 권7 단원 구성

단원	단원명(원제)	단원명(한국어 번역)	제재
1	天然ノ利源	천연 이원	국민
2	德川氏ノ政治一	도쿠가와 가문의 정치1	역사(일본근세)
3	德川氏ノ政治二	도쿠가와 가문의 정치2	역사(일본근세)
4	月ノ話	달 이야기	이과(천문)
5	耶蘇教ノ禁	예수교의 금지	역사(일본근세)
6	維也納	빈	지리(세계)
7	顯微鏡	현미경	이과(물리)
8	德川光圀ノ傳	도쿠가와 미쓰쿠니 전	역사(일본근세)
9	恆星ノ話	항성 이야기	이과(천문)
10	望遠鏡	망원경	이과(물리)
11	熊澤蕃山ノ傳	구마자와 반잔 전	역사(일본근세)
12	羅馬一	로마1	지리(세계)
13	羅馬二	로마2	지리(세계)
14	德川時代ノ風俗一	도쿠가와시대의 풍속1	역사(일본근세)
15	德川時代ノ風俗二	도쿠가와시대의 풍속2	역사(일본근세)
16	新井白石ノ傳	아라이 하쿠세키 전	역사(일본근세)
17	洋學興隆	양학의 융성	역사(일본근세)
18	聖彼得堡一	페테르부르크1	지리(세계)
19	聖彼得堡二	페테르부르크2	지리(세계)
20	流星ノ話	유성 이야기	이과(천문)
21	萬物ノ元素	만물의 원소	이과(물리)
22	世界ノ周航一	세계 항해 1	지리(세계)
23	世界ノ周航二	세계 항해 2	지리(세계)
24	外國交通一	외국과의 교역1	역사(일본근세)
25	外國交通二	외국과의 교역2	역사(일본근세)
26	伊能忠敬ノ傳一	이노 다다타카 전1	역사(일본근세)

단원	단원명(원제)	단원명(한국어 번역)	제재
27	伊能忠敬ノ傳二	이노 다다타카 전2	역사(일본근세)
28	世界ノ周航續一	세계 항해 속편1	지리(세계)
29	世界ノ周航續二	세계 항해 속편2	지리(세계)
30	佐藤信淵ノ傳	사토 노비히로 전	역사(일본근세)
31	貧困ノ原因	빈곤의 원인	기타(수신)
32	彗星ノ話	혜성 이야기	이과(천문)
33	明治時代文武ノ隆盛	메이지시대 문무의 융성	역사(일본근대)
34	酒ヲ節スベシ	술을 절제해야 한다	이과(생리)
35	近世ノ文明一	근세의 문명1	역사(일본근대)
36	近世ノ文明二	근세의 문명2	역사(일본근대)

『고등소학독본』의 편집 방침은 크게 두 가지로 나눌 수 있다. 첫 번째는 '순차적인 학습'이며, 두 번째로는 '국가주의적 교육방침'이다. 『고등소학독본』의 편집책임자인 이사와 슈지(伊沢修二)[10]는 문부성의 교과서 편집국장으로 자신의 교육 철학을 여러 권 출간하기도 하였는데, 1875년에 발간된 『교육진법(教授真法)』[11] 제3장 '학과의 순서'에서 순차적인 학습을 강조하며 "교사인 자는 먼저 유생(幼生)의 교육에 자연의 순서가 있다는 것을 아는 것이 중요하다. 만일 그 순서를 잘못하여 해가 생길 때에는 그에 대한 책망을 받아야할 것이다"[12]라고 언급하고 있다. 『고등소학독본』 서문에도 '이 책을

---

10) 1851~1917. 일본의 교육자. 문부성에 출사한 뒤 1875년 미국으로 유학을 가 음악, 이화학, 지질연구 등 다양한 학문을 공부하였다. 모리 아리노리가 문부대신이 된 이후에는 교과서 편찬에 몰두하여 국가주의적 교육의 실시를 주장하는 한편 진화론을 일본에 소개하는 등 다방면에서 활약하였다. 또한 타이완에서 일본어 교재를 출판하는 등 식민지 언어교육에도 관여하였다. 대표 저서로는 『学校管理法』(白梅書屋, 1882), 『教育学』(丸善商社, 1883) 등이 있다.

11) 1875년에 David Perkins Page의 저작을 편역해 출간된 것으로, 제3장 '학과의 순서'는 제1절 실물과, 제2절 독법, 제3절 미술, 제4절 지리학, 제5절 역사학, 제6절 습자, 제7절 작문, 제8절 생리학으로 구성되어 있고 교수요령 뒤에 질문과 답을 제시해 실제 교육현장에 적용할 수 있도록 배려한 선구적인 교육서라고 할 수 있다.

12) 太闢·百爾金士·白日(ダビッド·ペルキンス·ページ) 저, 伊沢修二 편역(1875), 『教授真

학습하는 아동은 지식이 점차 발달하게 되므로 그 제재도 이에 따라 고상(高尙)한 사항을 선택해야만 한다. 또한 언어, 문장을 가르치는 목적은 제반 학술, 공예의 단서를 여는 데 있으며, 그 제재가 점차 복잡해지는 것은 자연스런 순서이다. 고로 이 책 안에는 수신, 지리, 역사, 이과 및 농공상의 상식에 필요한 사항 등을 그 주제의 난이도에 따라 번갈아 제시하였다'라고 되어 있다. 실제로 〈표 2~8〉에서 나타나듯이 3권 이후에는 『겐페이세이스이키(源平盛衰記)』,[13] 『슨다이자쓰와(駿台雜話)』,[14] 『태평기(太平記)』[15] 등의 고전을 제재로 한 단원을 싣는 등 난이도가 높아지고 있다.

이사와 슈지는 『고등소학독본』을 출간한 뒤 국민교육사(國民敎育社)[16]를 설립하여 사장에 취임하고 '국가주의'적인 교육방침을 전면에 내세워 '교육칙어'의 보급과 수신교과서의 편찬에도 앞장섰다. 이러한 그의 교육사상은 이미 『고등소학독본』에 잘 드러난다고 할 수 있다.

만세일계(萬世一系)의 천황(天子)이 이를 잘 다스리셔 2천년 남짓 이어져오는 나라는 우리나라 밖에 없다. 우리들은 이러한 나라에 태어났으며 그리하여 오늘날 만국과 부강을 견줄 시기에 들어섰다. 따라서 이

法』卷之一, 25쪽.

13) 가마쿠라시대에 만들어졌으며, 1161년부터 1183년까지 20여 년간의 미나모토 가문(源氏)·다이라 가문(平家)의 성쇠흥망을 백수십 항목, 48권에 걸쳐 자세히 다룬 전쟁에 관한 이야기(軍記物語)이다.

14) 에도시대 중기의 수필집. 5권. 1732년 성립되었으며 제자들과 무사도를 고취하기 위해 나눈 이야기를 수록한 것이다.

15) 작자와 성립 시기 미상. 남북조시대의 전쟁에 관한 이야기(軍記物語)로 전 40권으로 이루어졌다.

16) 1890년 5월에 설립한 단체로 '충군애국의 원기를 양성, 알리기 위한 것'(국가교육사요령 1항)을 목적으로 했다. 山本和行(2008), 「台湾総督府学務部の人的構成について: 国家教育社との関係に着目して」, 『京都大学大学院教育学研究科紀要』, 54쪽 참조.

제국의 신민인 우리들이 의무를 다하려면 오로지 힘을 다해 학문을 해야 한다.[17]

위의 인용문은 『고등소학독본』의 제1권 제1과 '우리나라(吾國)'의 두 번째 문단으로 역성혁명 없이 2천 년간 지속된 일본 역사의 존귀함을 역설하며 천황의 은혜 속에 신민의 의무를 다해야 하는 시기임을 주장하고 있다. 또한 편집자가 서문에서 "아동으로 하여금 황실을 존경하고 국가를 사랑하는 지기(志氣)를 함양하는 것이 주된 목적"[18]이라고 명확히 밝히고 있는 바와 같이 『고등소학독본』은 황실중심의 국가관이 충분히 반영된 교과서라고 할 수 있을 것이다.

『고등소학독본』의 내용은 〈표 2~8〉에서 보듯이 그 제재를 국민·역사·이과·지리·기타로 나누어 다루었으며, 그 중 역사는 일본고대·일본중세·일본근세·일본근대와 같이 시대별로, 이과는 식물·동물·광물·물리·자연·천문으로, 지리는 일본지리와 세계지리로, 기타는 수신·언어·설화·가정·서간·잡류로 세분화할 수 있다. 본서의 서언에 각 제재와 교육 목표에 대한 자세히 언급이 되어 있다. 즉, '국민'은 '제조 기술, 경제 원리 등은 아동이 훗날 상공인이 되었을 때 알아야 할 사항'을 다루고 있으며, 그 내용은 '군(郡), 시(市), 부(府), 현(縣), 경찰, 중앙정부의 조직부터 법률의 대략적인 것에 이르기까지의 사항은 우리나라 사람이 일반적으로 알아야 할 것이므로, 아동의 지식, 발달의 정도를 참작하여 이를 기술함으로써 훗날 국가에 대해 다해야 할 본분을 알게 되기를 기대한다'고 서술하고 있다. '역사'는 '이 나라 고금의 저명한 사적에 대해 기술함으로써 아

---

17) 『高等小學讀本』卷1, 1~2쪽.
18) 「緖言」, 『高等小學讀本』卷1, 3쪽.

동으로 하여금 황실을 존경하고 국가를 사랑하는 지기(志氣)를 함양'을 목적으로 하고 있으며, '지리'는 '이 나라의 유명한 도부(都府), 경승지 등의 기사를 비롯하여, 우리나라와 친밀한 관계에 있는 중국, 구미 여러 나라의 대도시들의 정황을 간략하게 설명'하고 있다. 이어서 '이과'는 '초목(草木), 조수(鳥獸) 등의 특성 및 인간의 삶에 필요한 것이므로, 물리, 화학의 개요를 해설'하며, '오늘날에 있어 필요한 모든 힘, 모든 기계가 발명된 전말, 발명자의 전기(傳記) 등을 기술하여 아동이 분발하고자 하는 마음을 일으키도록 힘썼다'라고 밝히고 있다. 수신은 '소설, 비유, 속담, 전기, 시가 등을 사용해 아동의 즐거운 마음을 환기시키고, 소리 내어 읽을 때 자연스럽게 지혜와 용기의 기운을 양성하고, 순종, 우애의 정을 저절로 느끼게 하여, 아동으로 하여금 그 자신을 사랑하고 중시하며 그 뜻이 높고 훌륭해지기를 바란다'라고 밝히고 있다. 각 권의 2~3단원은 한시나 운문을 다루고 있는데, 교훈적이며 애국과 관련된 것이 많다. 이렇듯 『고등소학독본』은 일본 국민이자 동시에 근대 세계 시민으로서 갖추어야 소양에 대한 기본 지식과 덕목을 종합적으로 다룬 종합독본인 것이다.

특히, 한국에서 최초의 근대적 국어교과서로 평가받는 『국민소학독본』의 저본이 바로 『고등소학독본』이었다는 점은 국어학적, 교육학적, 역사학적 관점에서 간과할 수 없는 일이다. 1895년에 7월에 학부 편집국에서 편찬, 간행한 개화기 국어교과서 『국민소학독본』은 우리나라 최초의 관찬(官撰) 대민 계몽교과서이다. 일본의 『고등소학독본』을 참고하여 편찬하였지만, 국권이 상실될 위기에서 국권 수호를 위한 애국적 인재양성의 교육 취지가 적극 반영되었으며, 조선정부가 서구의 근대문명을 국민교육의 지침으로 삼아 부국강병 및 실용적 교육을 위해 교재로 편찬하였던 것이다. 문체는 국한

문 혼용체로서 총 72장 144면, 한 면은 10행, 1행은 20자로 구성되어 있으며, 형식은 장문형이고 띄어쓰기와 구두점이 없다. 총 41개 과로 그 목차는 다음과 같다.

저본인 일본의 『고등소학독본』의 구성과 내용이 거의 흡사하지만, 한국의 처지와 실정에 맞게 단원을 선별하거나 변경하는 등 취사선택을 하였으며, 내용구성은 필요한 내용을 발췌하거나 요약, 혹은 변경, 새롭게 집필하기도 하였다. 서구의 선진화된 생활과 문물, 도시에 대해 소개하고 과학적인 내용을 다룸으로써 근대화의 필요성에 대한 인식을 국민에게 심어주고자 했다. 특히 미국 관련

단원을 많이 둔 것은 미국처럼 자주부강한 나라를 만들자는 취지로 보인다.[19] 또한, 낙타나 악어 등과 같이 한국에서는 접할 수 없는 동물에 대해 소개하여 학생들의 지적 호기심을 자극하고 동시에 넓은 세계를 인식할 수 있도록 했으며, 징기스칸과 같은 인물의 소개를 통해 진취적인 정신을 함양하고자 했다. 또한 세종대왕, 을지문덕과 같은 한국의 대표적인 위인의 소개를 통해 민족의식을 고양시키고자 노력을 했다. 즉, 『국민소학독본』은 전근대에서 근대로 넘어가는 전환기에 편찬된 교과서로 근대화를 통해 대한제국의 주권을 지키고 체계적인 국민 교육을 위한 시도였다는 점에서 그 역사적 의의가 있다고 할 수 있다.[20]

『국민소학독본』의 교과적 구성은 이미 언급한 바와 같이 『고등소학독본』의 틀을 벗어나지 않으면서 많은 부분이 그대로 계승되고 있는 점은 역설적이라고 할 수 있다. 그러나 『국민소학독본』에 계승되지 않은 과의 출현으로 볼 때, 이는 지덕과 근대화사상에 관한 내용의 선택적인 계승과 그와 동반해 교과내용에 관한 재구축을 의미한다. 이와 같은 내용을 통해 한국의 근대적 국어 교과서의 성립 과정 및 교육이념, 한일 양국의 근대화 사상에 대해 규명할 수 있을 것이다.

본서는 일본 쓰쿠바대학(筑波大学) 소장본을 저본으로 하여 번역 작업을 하였으며, 영인과 함께 출간함으로써 교육학, 국어학, 일본어학, 역사학 등 각 분야의 연구자에게 연구 편의를 제공하여 근대 개화기 교육 및 역사, 교육사상의 실상을 밝히는 데 도움을 주고자 한다. 또한 세부적으로는 근대 한일 교과서에 나타난 교육이념, 역

---

19) 학부대신 박정양의 미국견문록 『미속습유(美俗拾遺)』와 밀접한 관련성이 보인다.

20) 자세한 것은 강진호(2013), 「국어과 교과서와 근대적 주체의 형성: 『국민소학독본』(1895)을 중심으로」, 『국제어문』 58, 국제어문학회 참조.

사관, 세계관에 대해 종합적이고 다각적인 검토를 가능하게 할 것
이며, 나아가 근대 한일 양국 간의 관계를 재조명하는 데 일조할
수 있으리라 믿는다.

역자 성윤아·권희주·이현진

차 례

(역주)
고등소학독본 권6

高等小學讀本

六

제1과 하인의 충정

　어느 추운 겨울 날, 러시아를 여행하는 사람들이 있었는데 그들은 네 마리의 말이 끄는 썰매를 타고 길을 나섰다. 이들 일행은 주인과 하인, 그리고 동행자가 한 사람 더 있었는데, 그 행선지는 눈이 깊게 쌓이고 추위에 굶주린 늑대들이 무리를 지어 사는 무시무시한 곳으로 사람과 가축이 늑대들에게 해를 입는 일도 적지 않다는 소문이 이전부터 자자할 정도였다.

　그럼에도 불구하고 일행은 전혀 두려운 기색 없이 길을 나섰고, 이윽고 산길에 다다랐을 무렵에는 눈도 심하게 내렸으며 찬바람은 마른 나뭇가지마저 흔들어 댈 정도로 매우 거세게 불어댔다. 얼마 지나지 않아 멀리서 늑대의 울부짖는 소리가 들리다가 점차 발소리가 들릴 만큼 그들과의 거리가 가까워졌다.

　썰매를 몰고 있던 하인은 늑대 소리를 듣자마자 급히 채찍질을 하며 서둘렀지만, 늑대도 썰매를 노리며 쫓아왔기 때문에 이제는 도리가 없다고 판단하고는 말 한 마리를 풀어 늑대의 먹이로 주었다. 이리하면 늑대가 필사적으로 쫓아오지는 않겠지, 라고 생각하며 서둘러 도망쳤지만, 다시금 늑대 울음소리가 멀리서 들려왔기 때문에 늑대가 양껏 배를 채우지 못해 따라오는 것이라 생각해 또

다시 말 한 마리를 풀어내 주었다.

　그러나 세 번째에도 또다시 늑대의 무서운 울음소리가 들렸기 때문에 이번에는 어찌 해야 할지 몰라 하며 서로들 얼굴만 쳐다보고 있을 뿐이었다. 목적지로 가는 길은 눈이 많이 쌓여 있었고 말도 두 마리로 줄긴 했지만 그들이 묵을 숙소가 점차 가까워지고 있었다. 그때 하인은 썰매에서 내려 소총을 손에 쥐고는 "저는 몰려드는 늑대를 쫓아버리겠습니다. 두 분은 이 썰매를 놓치지 말고 서둘러 말을 달리십시오!"라고 했기 때문에 조금도 지체 할 수 없어 주인과 다른 한 사람의 동행자는 하인의 말대로 말고삐를 쥐고 채찍질을 하며 서둘렀기에 어려움 없이 다음 숙소에 도착할 수 있었다.

　그렇지만 하인을 버려 둔 채로 있을 수는 없었기에 많은 사람들

충복, 늑대로 인해 자신을 버리다

을 불러 모아 총과 횃불을 준비시켜 급히 하인을 두고 온 장소로
가 보았지만 어찌된 일인지 그곳에는 하인의 그림자조차 보이질 않
았고, 그저 눈 위에 혈흔만이 남아 있을 뿐이었다. "그렇다면 이 하
인은 주인을 위험으로부터 구하기 위해 자신의 육신을 늑대 먹이로
한 것이 아닌가"하며 두 사람 모두 비통해 하며 흐느껴 울었다.

이는 당연한 일이 아니었기에 두 사람은 바삐 집으로 돌아 와 정
성들여 하인의 장례식을 치르고 석비를 세워 사건의 개요를 적고
는 그 아래에 '무릇 인간이 동반자를 위해 자신을 희생하는 것보다
위대한 충정은 없다'라고 새기어 하인의 아름다운 이름을 영원히
후세에 전했다고 한다.

제2과 해류

해류는 대양에서 흐르며 움직이는 것으로 마치 혈액이 인체를 순환하는 것과 같다. 이 해류는 연안 지역의 기후를 조화시키고 항해를 하는 데 편리함을 주는 일이 매우 많다.

일반적으로 대양의 물은 중량의 밸런스를 잃으면서 흐름이 생기는데, 그 원인은 지구를 비추는 태양열이 각 지역마다 다르기 때문이다. 즉, 한 지역의 물은 심한 열로 인해 팽창하여 가벼워지는 데 반해 다른 지역의 물은 너무 차기 때문에 수축하면서 무거워져 두 지역 물의 비중에는 차이가 생긴다. 이외에도 여러 요인으로 인해 열대 지역과 양극 지역 사이에는 자연스럽게 일정한 관계가 생기게 되며 열대 지역의 가벼운 물은 표면에 떠서 극 지역으로 흘러가고, 극 지역의 무거운 물은 아래로 가라앉아 열대 지방으로 흘러가기 때문에 서로 교환되는 것은 필연적 이치이다.

해류 중 가장 커서 세상 사람들이 잘 아는 것은 만류灣流[1]이다. 이를 가리켜 대양의 강이라고도 부른다. 이 만류는 가뭄이 들어도

---

1) 대해류를 뜻한다. 북적도 해류에서 발단하여 멕시코 만에서 북아메리카 동쪽 해안을 따라 북쪽으로 흐르는 난류로 북유럽의 기후를 따뜻하게 한다. 원어는 멕시코 만류이다.

줄지 않고 홍수가 나도 범람하는 일이 없다. 그 양쪽 끝과 물 속은 차지만 만류는 따뜻하다. 멕시코만이 그 원천이고 북극해北氷洋[2]는 그 하구이다. 그 흐름은 플로리다Florida 해협을 거쳐 미국의 해안과 평행하여 북쪽으로 흘러가며, 뉴펀들랜드Newfoundland를 거쳐 점차 넓어지면서 수심이 얕아진다. 그 만류의 일부는 나뉘어져 유럽 해안을 따라 흐르다가 이윽고 아이슬랜드와 스칸디나비아Scandinabia 사이를 지나 다시 북극해로 흘러들어간다.

만류의 속도는 처음 해협을 나올 때에는 1시간에 약 4마일이지만, 이와 멀어지면서 점차 느려진다. 그 온도는 상류에서는 화씨 86도이며 뉴펀들랜드에 다다른 후에도 만류와 그 양끝 물의 온도 차는 추운 겨울이라도 20도 내지 30도나 된다. 그러므로 엄동설한이라도 온난한 기운을 띠고 있어 북쪽으로 가면 종종 안개가 발생하는 것을 볼 수 있다. 또한 이 만류의 가장 큰 효용으로는 유럽 해안의 모든 지역의 기후를 조화시키는 것을 들 수 있다. 예컨대 만류는 대양이 냉수를 덮어써 그 면에 따뜻한 의복을 덮어주는 것과 같다. 이 때문에 겨울이 되어도 유럽의 추위를 완화시켜 아일랜드로 하여금 녹옥도綠玉島라는 별명을 갖게 했으며, 영국 해안에 항상 녹색 옷을 입히는 것도 모두 만류가 기후를 변화시켰기 때문이다.

그 밖에 적도에도 해류가 존재한다. 바로 태평양 해류이다. 그리고 북태평양 해류는 그 물이 암갈색을 띠며 따뜻하다. 그래서 이를 쿠로시오黑潮[3]라 한다. 이 쿠로시오 해류는 우리 일본의 태평양에 면한

---

2) 북극권 안에 들어 있는 해양. 곧, 아시아, 유럽, 북아메리카 대륙에 둘러싸인 바다이며 북빙양(北氷洋)이라고도 한다.

3) 북태평양 서부와 일본열도 남쪽의 북쪽과 동쪽으로 흐르는 해류로 이를 일본해류라고도 한다.

쪽으로 흘러 북미 해안을 향해 흘러가기 때문에 이를 일본해류日本海流라고도 부른다. 우리나라(일본)의 기후가 온화한 것은 이 해류의 영향 때문이며 해산물이 풍부한 것도 그로 의한 것이라 한다.

제3과 오다·도요토미 시대 개설 1

　아시카가足利 막부가 15대에 걸쳐 다스리던 238년 동안은 천하의 난세로 전쟁과 천재지변이 끊이지 않았고, 그 중에서도 야마나山名 가문과 호소카와細川 가문의 불화로 말미암아 오닌応仁의 난4)이 일어난 후 교토京都는 그 어느 때 보다 쇠퇴했다. 이리하여 서민의 어려움은 두 말 할 것도 없고 지존이라 일컫는 군주마저도 그 재난을 피할 길이 없었다. 궁궐은 망가져 고칠 수도 없어 담장이라고는 허울 뿐 대나무 조릿대를 얽어 만들었기에 아이들이 멋대로 그 안을 드나들며 흙을 뿌려대며 노는데도 이를 못하게 할 자 없었고, 벼슬아치들은 먹고 살수가 없어 사방으로 흩어졌다. 그때 오와리尾張 지역에 한 사람의 영웅호걸이 등장했는데 그가 바로 오다 노부나가織田信長이다. 이 사람은 본디 용기와 결단력이 타고났기에 점차 모든 지역을 평정하기에 이르렀고 왕실에 그 뜻을 두었기 때문에 우두머리가 되어 궁궐을 고치고, 교토의 상인들에게 금은金銀을 빌려 그 이자로 조정의 수리 대금으로 충당하였으며, 고관대작公卿들의 집

---

4) 1464년에 장군 가문, 관령 가문, 슈고 다이묘들이 동군과 서군으로 나뉘어 일어난 전국적인 규모의 하극상의 내란으로 전국시대를 여는 서막이 되었다.

을 재건하여 조정 대신들에게 팔고 영지에 대한 값을 받아 이를 원래 주인에게 되돌려 주었기 때문에 수도 교토는 얼마 되지 않아 복원되었다고 한다. 또한 노부나가는 이세신궁伊勢神宮을 개축하여 300년이나 치러지지 않았던 정천관正遷宮의 식5)을 거행하였는데 이는 실로 신을 숭배하는 법도를 세운 것이라 하겠다. 그리고 도카이東海6)와 도산東山7)의 길을 보수하여 길 양쪽에 소나무와 버드나무를 심었고, 관세를 면해주어 여행에 편의를 봐주었으며, 사냥을 즐기러 나갈 때에는 스스로 민가에 들어가 마을의 관리가 잘 다스리고 있는지 확인하여 물었는데 이것만 보더라도 백성을 위해 그 마음을 다했던 사람이라 할 것이다. 이 모든 행동은 당시의 다이묘大名가 왕실을 무시하고 신령神領이라 일컫는 신사 땅을 강탈하며 정사를 방치하던 것과는 비교도 할 수 없었다. 약육강식, 즉 서로 물어뜯고 빼앗아 사람의 도리에서 벗어난 짓을 하던 세상에서 가장 보기 드문 곳이었으나 사람의 마음에 희망을 갖게 하고 정치의 힘으로 풍습을 교화하는 일이 적지 않았다. 그러나 노부나가는 1568(에이로쿠永祿 11)년에 이르러 비로소 교토로 들어가 아시카가 요시아키足利義昭를 옹립하여 정이장군征夷將軍이 되었고 그로부터 6년이 지나 마침내 아시카가 막부를 대신하게 되지만 겨우 10년 만에 아케지 미쓰히데明智光秀에게 죽임을 당해 도중에 서거했기 때문에 그의 정치력이 미치는 곳은 10여 개 지역밖에 되지 않았고 그의 영향이 일본 전국에 미치지는 못했다.

---

5) 신사의 본전을 수리할 때 신의 본체를 임시거처에서 본전으로 옮길 때 거행하는 식

6) 혼슈 중앙부에 위치하고 태평양 쪽에 면한 지역을 가리킨다. 현재의 아이치현(愛知縣), 미에현(三重縣), 시즈오카현(靜岡縣)을 가리킨다. 현재는 기후현(岐阜縣)도 도카이 지역에 포함된다.

7) 중부지방 내륙인 지금의 야마나시현(山梨縣), 나가노현(長野縣), 기후현(岐阜縣)을 가리킨다.

도요토미 히데요시豊臣秀吉는 야마자키山崎에서 벌어진 한 전투에서 미쓰히데光秀를 죽이고 노부나가의 위업을 이어 받았기에 깃발이 향하는 곳 마다 깨부수지 못하는 곳 없었고, 마침내 천하의 대권을 장악하여 관백関白, 태정대신太政大臣이 되었다. 예부터 지금에 이르기까지 무사가 관백이 되는 일은 그 예를 찾아 볼 수 없는 일로 비천한 신분으로 태어나 이러한 지위에 오른 것은 예부터 오로지 이 한 사람뿐이다. 이렇듯 호조北條 가문을 멸한 후에는 큰 다이묘大名가 많았지만 모두 항상 그를 받들며 명을 따르지 않을 수 없었기에 그제야 세상이 평온해 졌고 결국에는 힘이 남아 조선에 군사를 보내어 그 힘을 해외에까지 과시하게 되니 이 또한 넓은 세상에서의 위업이라 하겠다. 히데요시는 다이로大老,8) 쥬로中老,9) 고부교五奉行10)라는 직책을 두고 정사의 옳고 그름을 판단하였고, 전국의 전지田地를 측량하여 300보를 1단(段, 991.735537m²)으로 정하였으며, 녹봉을 계산하는데 섬(石, 10말, 약 180리터) 몇 천석, 몇 만석이라는 도량을 사용하였고, 조세는 3분의 2로 정하였다. 이전에는 360보를 1단으로 하였지만 영웅할거의 세상이라 각 지역마다 정책이 제각기였기 때문에 한 동안은 지역에서 정하는 대로 300걸음이라 하는 자도 있었다. 그리고 녹봉은 돈으로 계산해 몇 백관貫,11) 몇 천관이라 했으며 섬으로 계산하는 경우도 없지는 않았다. 조세 또한 일정치 않았던 것을 이때에 동일하게 적용하는 법을 제정했다. 그러나 히데요시도 관백이 된지 20년이 되지 않아 서거했고 대

---

8) 장군의 보좌역으로 도요토미 정권에서는 고다이로와 고부교 위의 최고직으로 집정 기관의 최고 책임자이다.
9) 다이로와 고부교 중간의 직책으로 정사에 참여하면서 다이로와 고부교의 의견 조정을 한다.
10) 에도 막부의 직제로 정권의 실무를 담당했던 사람을 가리킨다.
11) 에도시대 화폐 단위

권은 결국 도쿠가와德川 가문으로 넘어가게 되었지만 그가 실행했던 많은 지략이 도쿠가와 가문의 자산으로 남게 되었다.

제4과 오다·도요토미 시대 개설 2

오다織田와 도요토미豊臣 시대에 걸쳐 세상에 큰 영향을 끼친 것은 그리스도교의 전파와 임진왜란이다

그리스도교는 덴몬天文시대(1532~1555)가 끝날 무렵에 포르투갈인이 규슈九州로 와 처음으로 널리 전파했는데, 노부나가信長가 이를 믿어 교토京都에 남반지南蛮寺라고 하는 사원을 세웠다. 남반이란 당시 포르투갈, 영국 등의 나라를 총칭한 것이다. 남반지의 전도사는 포르투갈인었는데, 노부나가가 이 사원에 오우미노쿠니近江國12) 지역의 이부키야마伊吹山 땅을 50정町(약 500,000m²) 기부했기 때문에 전도사는 본국의 진귀한 풀과 나무를 심어 낙원으로 만들었고 이를 계기로 서양 식물에 대한 배움이 시작되었다. 전도사는 포교의 방법으로 가난한 사람들을 위해 난병을 치료해주었고 포도주, 미린주, 카스테라, 캐러멜, 알헤이토사탕,13) 곤페이토14)를 나누어

---

12) 현재의 시가현(滋賀県)을 가리킨다.

13) 포르투갈어인 알페로아(alféloa) 혹은 알페님(alfenim)에서 왔다는 설이 있다. 알페로아는 당밀로 만들어진 갈색의 막대기 모양 과자이며 알페님은 하얀 설탕과자로 사탕을 가리킨다.

14) confeito. 金平糖. 표면이 울퉁불퉁한 모양의 사탕. 별 사탕과 비슷하다.

주면서 설교를 했기에 이를 통해 서양의 치료법과 음식이 우리나라(일본)로 들어왔다. 그 후부터 종교는 점차 불처럼 번져나가 일본 전국에 다다르지 않은 곳이 없었지만 히데요시秀吉는 종법이 결국에는 국가에 해가 되리라고 생각하여 남반지를 부수고 그리스도교를 엄격하게 금지시켰으며 전도사에게는 형벌을 내렸다. 당시 일본에 와 머무르던 전도사는 300여 명에 이르렀고 사원은 250여 개였으며 개종을 한 사람은 30만 명에 달했다고 한다. 이보다 앞서 히젠肥前15) 지역의 민부다이부民部大輔16)인 오오무라 스미타다大村純忠,17) 슈리노다이부修理大夫18)인 아리마요시즈미有馬義純 등의 사신을 필리핀 선박에 태워 로마로 보내 그리스도교를 배워오게 했고 이들은 포르투갈인과 함께 지구의, 태엽시계, 회중시계를 갖고 돌아왔다. 그 중 태엽시계는 이보다 일찍 오우치 요시타카大內義隆가 인도인으로부터 받은 적이 있었지만 다시 한 번 전해진 셈이다.

임진왜란朝鮮征伐은 7년 전후로 치러진 전쟁으로 이 기간 중에 사신은 서로 왕래를 했기 때문에 이로 인해 가져온 조선의 풍습이나 기술 또한 적지 않았다. 그 중 도예 기술은 조선인이 와 가르쳐 준 것이 매우 많아 라쿠도기樂燒, 가마도기薪燒, 아리타도기有田燒, 사쓰마도기薩摩燒와 같은 모든 도예 기술이 모두 그러하다. 그리고 사쓰마도기는 사쓰마薩摩의 군주인 시마즈 요시히로島津義弘가 조선 땅의 도공 17명을 데려와 만들어진 것으로, 오늘날에 이르기까지 자손들은 가업을 이어가고 있다. 또한 이리에 요리아키入江頼明라고

---

15) 현재의 사가현(佐賀県)과 나가시마현(長島県)

16) 재정, 조세 일반을 관리하던 관청의 차관급 직위

17) 1563년에 일본 최초의 크리스찬 다이묘로 나가사키항(長崎港)을 개항시킨 인물이다. 아리마하루노부는 조카

18) 궁중의 수리 일체를 관장하는 부서의 장. 종4품에 해당

하는 사람이 이 전쟁에 종군했는데 아키도 쿠레바야시明人吳林들을 만나 침술을 배우게 되었다. 스기야마류杉山流는 이를 기본으로 삼고 있다. 활자판 제조법도 조선에서 건너 온 것으로 당시에 이를 일자판一字版이라 불렀고 이후 도쿠가와 이에야스德川家康는 이를 활용해 많은 서적을 인쇄한다. 이로써 문학이 날로 번성하게 되는데 분명 이 전쟁이 준 공적이라 하겠다.

제5과 오다·도요토미 시대 개설 3

아시카가足利시대(1336~1573년)[19]의 예능은 대부분 이 시기에 전래 되었으며 사루가쿠猿楽[20]는 점차 성행하여 히데요시秀吉는 쉰이 넘은 나이에도 이를 혼자 익혀 무대에 섰을 뿐 아니라 요시노 꽃놀이吉野花見, 고야 참배高野参詣, 아케치 정벌明智征伐, 시바타 정벌柴田征伐, 호조 정벌北条征伐 등의 신곡을 연주하게 하였고, 히데요시의 양자인 히데쓰기秀次는 승려들에게 명하여 요곡백번謡曲百番[21]의 주석을 달게 할 정도였기 때문에 다이묘들이 모두 앞 다투어 이를 배웠다. 차도茶の湯는 센노리큐千利休가 그 예법을 정하고부터 더욱 성행하게 되는데, 군주와 신하가 작은 방에 한데 모여 찻상을 돌리고 차를 우려내며 모든 주군이 이를 즐겼고, 무사들과 무척 친밀해지는 매개가 되었기에 아래위 할 것 없이 이를 배웠다. 게다가 이 시대에는 다기를 대단히 귀중하게 여겨 전쟁에 패하게 되면 차항아리茶壺를 껴안고 도망치거나 아니면 차솥茶釜을 껴안고 불에 뛰어들

---

19) 무로마치(室町)시대
20) 전통 예능인 노(能)의 별칭
21) 노(사루가쿠)의 대본 중 하나

어 죽는 자가 있을 정도였다. 스모相撲도 당시에는 크게 유행하여 정부는 물론 다이묘까지도 스모相撲라 불리우는 장사를 경쟁하듯 길러냈으며, 스모부교相撲奉行 혹은 스모역사 지배인相撲取支配方이라 하는 몇 명의 관리를 두어 이를 관장하게 하였다.

이전까지의 성곽은 매우 엉글고 조잡하여 산성山城 혹은 평성平城 인가에 따라 조금씩 다르긴 하지만 담장의 높이가 보통 5~6자尺(약 151.15~181.8cm)밖에 되지 않았기 때문에 노부나가信長가 아즈치성 安土城을 축조할 때에는 이 점을 보완했다. 이 성은 중국식 축조법 에 의해 쌓은 것으로 큰 돌을 쌓아 그 토대로 삼았고, 7층짜리 누 각을 세웠는데 금빛이 찬란하고 조각장식이 화려해 눈길을 사로잡 을 만큼 매우 견고하고 무척 아름다웠기 때문에 이때부터 성을 축 조하는 방법이 크게 정비되었다. 당시 장수가 출병할 때 진하오리 陣羽織22)를 입었는데 한 부대의 수장은 면 또는 비단 등을 사용하였 고, 그림이 그려져 있는 것도 있고 수를 놓은 것도 있어 그 모양이 모두 똑같지는 않다. 또한 성의 기왓장은 중국의 도공을 시켜 구웠 기 때문에 명나라의 기와 만드는 법이 처음으로 우리나라(일본)에 들어오게 되었다. 일반 가옥 축조에서 툇마루, 미닫이창은 히데요 시시대에 생겨 난 것이며 빈지문23)도 이 무렵부터 시작된 것이다. 관동關東 지역에서는 빈지문이 없었기 때문에 이에야스家康가 오사 카大坂에 와 히데요시와 면회를 할 때 이에야스가 거느리는 무사들 은 빈지문 닫는 소리를 듣고 크게 놀랐다고 전해진다.

당시 직공들은 그 축조 기술을 무턱대고 천하제일이라 했지만 노부나가는 교토의 명인들만 모아 논의를 거쳐 천하제일을 정하게

---

22) 비단이나 나사의 천으로 만든 소매가 없는 갑옷 위에 걸쳐 입는 옷

23) 한 장씩 끼웠다 떼었다 하는 문. 비바람을 막기 위해 덧대는 덧문을 뜻한다.

갑옷을 입은 무사

하였고, 히데요시는 스미노보우角坊가 만드는 정교한 사루가쿠의 가면을 좋아해 이에야스 등과 논의해 이에 천하제일의 호칭을 수여하고 은화 50개를 상으로 내렸던 것과 같은 행동들이 공업 진보를 촉진시키게 되었다고 한다.

히데요시가 국내에서 큰 권력을 쥐게 되자 대·중·소의 금화,24) 덴쇼통보天正通宝, 분로쿠통보文録通宝의 은전25)을 주조하였고 화폐가 급격히 증가하면서 유통이 매우 편리해졌기에 상업도 번성할 조짐을 보였다. 나가사키長崎, 사카이우라堺浦, 교토京都의 상인들은

---

24) 금화에는 판(判)이란 말을 붙이고 크기에 따라 대형은 오반(大判), 중형은 코반(小判), 소형은 부반(步判)이라 이름 붙였다.
25) 아즈치모모야마시대(1573~1598)에 발행한 엽전들로 덴쇼통보는1587년, 분로쿠 통보는 1592년에 주조되었다.

정부로부터 인장朱印을 받아 여송呂宋, 안남安南 지역으로 도항하는 배 9척이 있었는데 이를 주인선朱印船라 부르고 규약을 만들어 한 뜻으로 이익도 함께 나누고 환난을 극복하며 음주를 경계하고 외국인을 속이지 않도록 하는 데 힘썼다. 또한 포르투갈 등의 나라들이 앞 다투어 들어와 무역을 시작하게 되면서 성행한 외국과의 무역은 이전과 비교가 되지 않을 정도였다. 이와 같이 사카이우라 지역은 예부터 무역으로 크게 번성했기 때문에 부호들의 집도 적지 않을뿐더러 기예에 능한 사람도 많이 배출했지만, 히데요시가 오사카에 기거했기 때문에 오사카는 매우 부유한 지역이 되었고 사카이우라를 뛰어넘기에 이르렀다.

제6과 자본

어느 곳에 한 직공이 있었는데 그 이름을 시게키치繁吉라 불렀다. 매일 공장에서 일하면서 임금으로 50전을 받았다. 시게키치는 절약하며 매일 받은 50전에서 반드시 10전을 아껴 이를 주머니 안에 모아 두었다.

시게키치는 원래 근면한 사람으로 일요일과 공휴일 외에는 쉬지를 않아 1년 중 겨우 62일만 쉬었다. 그러니 노동을 하여 임금을 받는 일수가 303일이나 되었다. 1년 후에 시게키치는 모아둔 금액이 얼마인지를 알기 위해 주머니를 열어 이를 세어보았더니 30원 30전이었다. 이때 스스로 생각하기를 '내가 이 돈을 주머니 속에 모아서 넣어 두어도 주머니는 나에게 한 푼은 고사하고 털끝만큼도 이자를 주는 일이 없으니 30원 30전은 여전히 30원 30전 일 뿐이로군. 그렇다면 이를 은행貯金所에 맡겨 이자를 받는 것이 상책이겠군.'이라며 전액을 모두 은행에 맡겼다.

1년이 지나자 그 돈은 불어 약 32원 11전이 되었다. 이렇게 그 돈을 이용했기 때문에 이자액인 1원 81전 남짓을 얻을 수 있었던 것이다. 그러니까 1원 81전은 시게키치의 임금 3일치에 해당하는 셈이었다. 그러니 이자액은 시게키치를 대신해 3일 동안 일한 것이라 할 수 있다. 이 30원 30전은 시게키치가 절약을 한 결과로 자본을 이루었으며 거기서 이자가 생겨난 것이다. 이렇듯 자본은 부를 가지고 다시 새로운 부를 만들어내는 법이다. 검약을 실천하여 새롭게 이익을 만들어내는 것의 효능은 이렇게 큰 것이다.

여러분은 교육을 받으면 반드시 이를 몸소 실천해야 한다. 기계를 얻으면 반드시 이를 무언가를 만드는 데 이용해야 한다. 금전을 얻으면 적더라도 반드시 이를 절약하여 유익한 사업에 이용해야 한다. 인색한 자들을 따라해 절대로 이를 흙 속에 숨기는 일이 없어야 한다. 이를 철도를 부설하는 데 댈 수도 있다. 개간 사업에 댈 수도 있다. 또는 제조소의 건축비에 사용할 수도 있다. 아니면 이를 적당한 사람에게 빌려주어 이용하게끔 할 수도 있다. 이렇듯 자본을 사용하는 것은 곧 자본을 잘 활용하는 것을 말한다.

여러분은 이제 자본이 무엇인지를 이해할 수 있을 것이다. 지금부터는 더욱 나아가 자본을 증식하는 것을 알려주겠다. 자본을 증식하는 것은 이를 유익한 사업에 활용하여 이익을 얻고, 그 이익을 절약하여 이를 또다시 이용함으로써 밑천과 이자*를 더욱 늘리는 것을 말한다. 무릇 학문이라 하고, 기계라고 하고, 금전이라 하는 것들을 모아 두기만 하고 활용하지 않는다면 비옥한 논밭을 갖고 있으면서도 이를 경작하지 않는 것과 다를 바 없다. 나를 위해서도 남을 위해서도 전혀 득 될 것이 없다. 속담에 이르기를 '보물을 갖고 있으면서도 썩히기'라는 말이 바로 이에 해당된다.

예컨대 낭비하는 자는 금전을 얻으면 바로 소비하고 검약하는 일이 없다. 인색한 자는 검약을 하지만 부를 숨겨 이를 이용할 줄을 모른다. 그러나 지혜로운 자는 검약만으로 만족해 하지 않는다. 나아가 이를 이익이 되는 사업에 활용한다. 항상 검약하여 부를 증식하고, 이로써 또다시 생산할 수 있는 자본을 만들어낸다.

*밑천과 이자(子母): 이익과 원금을 가리킴.

제7과 열

사람은 누구나 열을 느낀다. 특히, 여름에 가장 열을 심하게 느낀다. 그러나 열이 무어인가를 설명하는 것은 간단한 일이 아니다. 다만 우리들은 열이 어떤 일을 하는가에 대해서는 잘 안다. 이를 바꾸어 말하자면, 우리들은 열의 작용에 대해 아는 것이다.

열이 물체를 크게 늘린다는 것은 우리들이 잘 아는 바이며 지구 상 만물의 대부분은 열로 인해 늘어나지 않는 것이 없다. 빨갛게 달구어진 불 젓가락은 그것이 차가울 때에 비해 더욱 두꺼워 지고 길게 늘어나는데 바로 그것이 한 예이다. 또한, 질주전자 또는 쇠 주전자의 물이 끓을 때 물이 넘치는 것도 물의 부피가 늘어나는 사례이다.

이렇듯 열을 받아 물체가 늘어나는 것을 팽창이라고 한다. 즉, 각각의 물체는 열에 의해 팽창하고, 열이 식으면 수축하는 것이다. 예를 들어 철도의 이음새는 절대로 딱 붙여놓지 않는데, 이는 열 때문에 팽창할 여지를 남겨두고자 하는 것이다. 그리고 온도계는 액체가 팽창하고 수축하는 원리에 따라 움직이는 것이다. 그러니까 수은이나 알코올이 온도계의 관 속을 오르락내리락하는 것은 다른 방향으로 퍼질 수가 없기 때문이다.

열은 물체의 모습을 변화시키기도 한다. 고체에 열을 가하면 그 모습이 바뀌어 액체가 될 때도 있다. 즉, 얼음을 따뜻하게 하면 물이 되는 것이 바로 그 예이다. 또한 철과 같은 것이라도 높은 열을 가하면 자유자재로 유동하는 액체가 될 수 있다. 하지만 고체에 열을 가한다고 해도 모두 액체가 되는 것은 아니다. 나무 또는 종이와 같은 것은 이를 용해하려 해도 결코 액체가 되지 않는다. 여기에 열을 가하면 다른 형상으로 변한다.

이들 고체에 열을 가하면 우리들 눈에는 연기와 약간의 재 이외에는 다른 흔적을 볼 수가 없다. 하지만 이를 구성하는 물질은 단한 원자도 소멸되지 않는다. 여기에서 나오는 가스와 재 등은 우리들 눈에는 보이지 않는 것이라도 정밀하게 그 양을 잴 수 있다. 그리고 그 총량은 연소하기 전과 달라지지 않는다. 그러므로 이와 관련된 다음과 같은 이치가 있다. 즉, 우리들은 아무리 적은 물질이라도 이를 소멸 시킬 수가 없다는 것, 또한 이를 창조할 수도 없다는 것, 단지 우리들은 그 모습을 변화 시킬 수만 있을 따름이다.

그리고 액체에 열을 가하면 증발하는 것이 있다. 즉, 액체에 열을 가할 때에는 우리들 눈에 보이지 않는 가스 모습의 증기가 된다. 물에 열을 가하면 증발하여 수증기가 되는 것이 바로 그 예이다. 또한 어떤 고체는 한 번도 액체를 거치지 않고 바로 수증기로 변하는 것도 있다. 맹독인 비상석砒霜石26)은 고체에서 바로 증기로 바뀌며 이는 공기보다 10배나 무겁다. 그러나 증기를 식힐 때에는 정반대의 일이 일어난다. 그러니까 차가울수록 증기가 액체가 되고, 그 액체는 다시 고체가 된다. 그 수증기에서 열을 제거하면 물이 되고, 물에서 열을 제거하면 고체인 얼음이 되는 것이 바로 이

---

26) 은이나 구리 따위의 광석을 녹여 그 함유물을 분석할 때 생기는 비소의 화합물

것이다. 고체, 액체, 기체 모두 각각에 들어 있는 열의 분량에 따라 그 모습이 각기 달라지는 것이다.

물체는 쉽게 열을 전달하는 것과 전달하지 못하는 것으로 구분된다. 쉽게 열을 전달하는 것을 열의 양도체良導體라 하고, 쉽게 전달하지 못하는 것을 불양도체不良導體라 한다. 예를 들어 금속은 열의 양도체로 불 젓가락 끝 부분을 불 속에 집어넣으면 넣지 않은 다른 한쪽 끝도 곧바로 뜨거워진다. 주전자 손잡이도 그 몸체의 열을 전달하여 금세 뜨거워진다. 하지만 타는 장작의 반대편 끝을 잡더라도 열을 느끼지는 않는다. 그리고 짧은 초에 불을 붙이고 이를 손에 쥐어도 마찬가지다. 그러므로 나무와 초 같은 것을 열의 불양도체라 부른다. 플란넬,27) 종이, 면, 깃털, 털과 같은 것은 여기에 속한다.

'플란넬, 면직과 같은 것은 우리들의 몸을 따뜻하게 하는 힘이 있지 아니한가. 그리고 의복, 이불 등은 우리들에게 열을 전해 줄 수 없어야 마땅하지 않은가.'라고 생각하는 사람이 있다. 그러나 이는 바른 생각이 아니다. 왜냐하면 플란넬, 면직 등은 열의 불양도체라서 외부로부터 열을 전달하지는 않지만 오로지 우리들의 체열을 밖으로 빠져나가지 못하게 함으로써 그 온도를 유지하게끔 하기 때문이다.

우리들이 열을 받을 수 있는 원천으로 크게 두 곳이 있다. 그 하나는 천연의 열원이며, 또 하나는 인위적인 방법이다. 태양은 엄청난 열의 원천으로 그 광체가 없다면 지구는 아득하고 넓은 하나의 거대한 덩어리로 인류와 동물 모두 생존하지 못할 것이다. 그리고

---

27) 플란넬(Flannel)은 보풀을 넣어 짠 직물로 공기층이 형성되기 때문에 상당한 보온성을 갖고 있다.

지구의 내부도 뜨겁기 때문에 땅속으로 들어갈수록 점차 열이 올라가는데 이 또한 천연의 열원이다. 또한 우리들의 몸속에도 자연스레 따뜻한 열이 존재하기에 항상 끊임없이 연소한다. 그 연료는 매일 섭취하는 음식이다.

인위적인 방법은 우리들이 쉽게 원리를 알 수 있는 것으로 모든 연료는 이를 연소하게 되면 반드시 열을 발생시킨다는 사실이다. 목탄, 석탄, 토탄,[28] 석유, 지방과 같은 것은 모두 주요 연료이다. 또한 두 개의 물체를 서로 마찰시키면 열이 발생한다. 마른 두 개의 나무 조각을 서로 마찰시켜 불을 일으키는 것이 그 예이다.

---

28) 땅속에 매몰된 기간이 오래지 않아 탄화 작용이 제대로 이루어지지 않은 석탄. 이끼나 볏과의 식물이 습한 땅에 쌓여 분해되고 변질된 것으로, 비료나 연탄의 원료로 쓴다.

제8과 런던

    강은 길다고는 하지만 반드시 넓은 것은 아니며, 넓다고는 하지만 반드시 깊은 것은 아니다. 그렇기에 강의 크고 작음은 그 길이, 넓이만 가지고 대충 정하는 것이 아니라 바다로 흘러가는 수량의 많고 적음에 따라 제대로 알 수 있는 것이다. 도회, 도읍의 크고 작음도 이와 같이 정해지는 것으로 넓이에 구애 받지 않고 시민의 많고 적음으로 정해지는 것이다. 여기 영국의 런던倫敦은 명실상부 세계 제일의 대도회로 인구는 거의 4백만으로 세계와 어깨를 나란히 하는 도시이다.

    이러한 대도회 런던은 그 나라의 수도일 뿐 아니라 세계적 상업 수도이다. 원래 런던은 세계 모든 나라의 수도와 상업 및 교역을 하기 때문에 범선도, 기선도 이곳에서 온갖 나라로 다니며 철도와 전선 또한 이곳의 중심에서 동서남북으로 연결된다.

    이곳 런던은 한 대도회라기보다는 인가도 빈틈없이 빼곡히 늘어서 있는 일대주一大州29)라고 하는 편이 어울린다. 무려 런던의 넓이는 4개 마을에 걸쳐 있으며 세로 16마일, 가로 12마일로 그 거리를

---

29) 작은 국가 규모의 큰 도시

모두 합쳐 한 길이라고 치면 8천 마일이나 된다. 그러므로 이 도회에서 평생을 지낸 사람조차도 아직 보지 못한 거리가 많다고 한다.

이 정도 규모의 대도회이기 때문에 태어나고 죽는 사람의 숫자도 놀랄 만큼 많다. 이를 평균으로 나타내면 4분마다 1명씩 태어나고, 6분마다 1명씩 죽는 비율이기 때문에 하루 사이에 태어나는 사람은 250명이며, 죽는 사람은 240명이 된다. 이것만으로도 나날이 인구가 늘어나는데 거기에 도회 인구의 100분의 37이 시골에서 상경하여 주거하는 사람이다. 그렇기 때문에 이로 인해 20만 명이나 사는 도시를 매년 계속 건설하고 확장하여 30마일이나 되는 새로운 거리를 해마다 여는 셈이다. 실로 런던은 하나의 대도회가 아니라 도회, 도읍, 촌락 등이 모인 일대주라 하겠다.

이토록 활기찬 런던도 옛날을 보면 놀랄 만큼 작은 마을이었지만 이렇게 번영하게 된 근원은 바로 가까이 눈앞에서 흐르는 템스 강이다. 이 강은 물건을 적재한 작은 배들이 주야로 만조와 간조에 맞추어 한 푼의 비용이나 노를 젓는 수고도 없이 자유롭게 왔다 갔다 할 수 있기 때문에 이렇듯 번창한 땅이 된 것이다.

런던의 거리는 많은 사람들이 모여 아침부터 저녁까지 거래가 끊이지 않고, 서로 옥신각신하는 모습은 세상 어디에도 이러한 예를 찾아 볼 수가 없다. 거리는 넓지만 매우 위험해 보여 손쉽게 왕래하기 어려운데 말에 채찍질 해가며 다니는 사람도 있고, 4바퀴 마차를 달리는 사람도 있으며, 승합 마차, 기타 다양한 마차 등 실로 다양하다. 템스 강에 걸려 있는 런던교를 비롯하여 그 외 13개의 큰 다리는 사람과 말의 발소리가 끊길 새가 없고, 강 아래의 터널은 증기 기관차의 왕래가 매우 잦으며, 이 강을 달리는 기선의 수는 셀 수 없을 정도이다.

런던은 그 나라 사람뿐 아니라 다른 나라 사람들도 기선을 타고

들어오고 기차로 나가는데 그 수가 아침저녁으로 20만 명 이상이라고 한다. 이렇듯 외국인의 출입이 빈번해짐에 따라 여기로 이주하는 사람도 매우 많다. 지금 여기에 더해지는 사람을 들자면 아시아에서는 중국인, 인도인을 비롯하여 페르시아, 아르메니아Armenia 사람이 오고, 남미의 서부에서는 페루, 칠레의 두 나라 사람이 오며, 샌프란시스코San Francisco와 그 외 태평양 연안 도시에서는 미국인이, 유럽 대륙 제국의 도시에서는 이탈리아인, 프랑스인은 말할 것도 없고 스페인, 포르투갈의 두 나라 사람, 러시아, 폴란드, 헝가리 그리고 스위스, 노르웨이, 핀란드 등의 사람들이 와서 거주한다. 그리고 이 도시로 이주한 스코틀랜드사람이 수도인 에든버러Edinburgh에 사는 사람의 수보다 많고, 아일랜드인은 그 수도인 벨파스트Belfast에 거주하는 사람보다 많으며, 웨일스인은 수도 카디프cardiff에 있는 사람보다 많고, 게르만인은 그 수도 프랑크푸르트Frankfort30)에 사는 사람보다 많으며, 유태인과 그리스인은 각각의 수도 예루살렘Jerusalem과 아테네Athens에 있는 사람보다 많다고 한다. 이렇기 때문에 런던에서는 모든 인종, 언어, 나라가 각기 다른 사람을 모두 볼 수 있다. 이렇게 번영한 도회에서도 부자만 존재하는 것이 아니라 빈민 또한 많다. 이를 모두 브라이튼Brighton이라는 도시(인구 대략 10만 3천 남짓으로 흡사 우리나라의 나고야시와 같다)로 옮긴다면 이 빈민들만으로도 도시가 넘칠 것이라고들 한다.

런던에는 누추한 집만이 쭉 늘어서 있어 보기 싫은 거리도 수백 마일에 걸쳐져 있지만, 웅장하고 화려한 집도 적지 않다. 그러므로 도회 중앙의 약간 높은 곳에는 세인트 폴St Paul's이라 불리는 성당이 있다. 이 성당은 명성 높은 건축가 렌Wren 씨가 지은 것으로 세상에

---

30) 영어 표기는 프랑크포트이지만 내용상 프랑크푸르트로 보인다.

견줄 곳이 없는 대성당이다. 그리고 서쪽의 템스 강변에는 웨스트민스터Westminster 사원의 탑이 하늘을 향해 우뚝 솟아 있고 그 아래에 영국의 해군 군대에 공훈을 세운 사람들, 학술, 기예로 명성을 드높인 사람들의 묘지가 많다.

옛날 로드 바이런lord byron[31] 씨는 런던교 옆에서 이 도회를 읊기를,

벽돌과 연기 속에
큰배, 작은배, 티끌, 먼지
한 덩어리 속에 뭉쳐져 있네
어찌나 큰지 그 모습이라니
어디가 끝인지 흰 돛을 올리고
가는 그 배는 이리 보이는구나
삼림인지 숲인지, 무엇인지
정체 모를 돛대가
그림자는 이내 사라지네

시커멓고 높은 지붕 위에서
까치발을 세우고 바라보니
날아 들어온 경치는
멀리 구름이 낀 곳에 서있는 탑
퍼뜩 보기만 해도 대단하구나

둥글고 크고 시커먼
큐폴라*의 모습은 바보스럽구나

---

31) 조지 고든 바이런(George Gordon Byron). 영국 낭만파의 천재 시인

풀스캡*을 눌러 쓴
모습과 닮은 것도 정말 우스꽝스럽구나
대체 이 모습은 무엇이더냐
바로 런던Lodon의 경치로다.

라고 했던 것도 지당하다. 하지만 워즈워드wordsworth 씨32)는 여름
밤의 아주 조금씩 밝아오는 아침 해의 그림자는 이슬 같은 안개처
럼 영롱하지 못하여 집들의 처마 끝에 간신히 빛이 들어올 때 웨스
트민스터 다리 위에 서서,

경치 좋은 나라가 있다면
그 나라의 경사
이 나라 이 강변의
경치만큼 귀한 것은 없다
이 강 이 다리 근처의
경치에 비할 것은 없다
이러한 경치를 알지도 못하고
세상을 사는 사람은 목석일까
가련하구나 가련하구나 이 도시는
이 아침 비추는 햇살이
빛나도록 꽃을 장식한다.
이 강에 떠다니는 배도
그 언덕에 우뚝 솟은 탑도
생업을 이어가는 집도

---

32) 영국의 낭만파 시인

수정궁33)

신을 모시는 사원도
모두 꽃을 장식한다

내려다보이는 저 멀리
구름과 안개도 걷혔구나
내려다보이는 저 멀리
아침햇살이 사방을 비추는구나
가련하구나, 이 경치를
무엇에 견줄 수 있을지 보이질 않는구나

---

33) The Crystal Palace. 1851년에 런던 파이드 파크에서 열린 제1회 만국박람회 회장으로
지어진 건조물

라고 읊었던 것은 밝게 눈을 떠 정겨운 감정을 고조시키려 했던 것처럼 들린다. 무릇 이렇게 대도회에는 여러 상반되는 일이 서로 섞이는 것이 세상사이기 때문에 런던만 특별히 심한 것은 아니다. 그 중 한두 가지를 들어보자면, 목조의 집과 벽돌집이 나란히 서 있고, 촌락과 도회가 뒤섞이고, 넓은 길과 공원이 있는가 하면 반대편에는 좁고 더러운 거리가 있다. 그리고 궁전이 있는가 하면 초가집이 있고, 부자의 집도, 가난한 사람도 있으며, 저쪽에는 덕행이 높은가하면 이쪽에는 나쁜 짓만 하는 박식, 무식한자, 어리석은 자, 추악, 미려, 한 가지만 있는 것이 아니다. 그렇기에 총명한 눈과 귀를 갖고 이 도회의 길을 한참을 다녀보지 않으면 이렇게 상세한 모습은 쉽게 알 수 없을 것이다.

*큐폴라(Cupola): 둥근 형태의 지붕.
*풀스캡(Foolscap): 모자의 이름.

제9과 도요토미 히데요시 전 1

도요토미 히데요시豊臣秀吉는 오와리尾張 아이치군愛知郡 나카무라中村 출신이다. 아명을 히요시日吉라 했다. 히요시의 아버지는 야스케彌助라는 사람이었는데 히요시가 여덟 살 되는 해에 죽었다. 한 마을에 오다 노부나가織田信秀의 하인이었던 치쿠아미筑阿弥라는 사람이 있었는데 병을 얻어 고향 집으로 돌아왔기 때문에 마을 사람들이 상의하여 이를 계부로 정했다. 그러나 집이 가난하여 히요시를 부양할 수가 없어 히요시를 절에 맡겨 승려로 만들려고 하였지만 히요시가 이를 받아들이지 않아, 끝없이 놀고 사람들과는 싸우면서 두드려 패 승려들이 자신을 싫어하게끔 꾸몄다. 생각대로 승려가 히요시를 집에 돌려보내려 하자 히요시는 계부가 화를 낼 것을 걱정해 큰 소리로 "당신들이 나를 쫓아내면 나는 당장 절을 태우고 당신들을 죽여 버릴 것이다"라고 했다 승려들은 두려워하며 특별히 부탁하며 옷가지까지 챙겨 집으로 돌려보냈다고 한다. 당시 히요시의 나이는 열 살이었다.

히요시는 열여섯 살이 되자 도우토우미遠江로 가 마쓰시타 유키쓰나松下之綱의 종이 된다. 유키쓰나는 그의 재능을 아껴 모든 일에 이를 부렸다. 하루는 유키쓰나가 갑옷에 대해 묻자 히요시가 말하길, "오와리에 도마루胴丸라는 것이 있습니다만, 몸을 구부리고 펴기가 매우 편하다고 하니 그 물건이 좋을 것입니다"라고 했다. 유키쓰나는 돈 몇 량을 주며 가서 이것을 사오도록 했다. 히요시는 '이 돈을 가지고 사업 밑천으로 삼고 후일 이를 갚는 것이 좋겠다'라고 생각했다. 결국 오와리에 와 오다 노부나가를 모시게 되었고 스스로를 기노시타 도키치木下藤吉라 불렀다. 도키치가 그 모습이 원숭이를 닮아 있었기에 노부나가는 이 자의 민첩함을 알아보고 몸종으로 삼았고 도키치는 그를 매우 열심히 모셨다.

노부나가는 기거하던 기요스清洲의 성벽이 망가져 관리에게 이를 수리하도록 명했으나 한 달이 지나도 고쳐지질 않았다. 도키치가 성 아래를 지나다 탄식하며 "이런 위험하기 짝이 없구나!"라고 말했다. 노부나가가 듣고 이를 물었더니 도키치가 대답하길 "지금 나리가 다스리는 곳은 동쪽에는 이마가와今川와 다케다武田 가문이 있고, 서쪽에는 사이토齋藤, 아사이浅井, 록카쿠六角 가문들이 있어 매일같이 우리들의 빈틈만을 노리고 있습니다. 그런데도 이렇듯 방비가 허술하다니 관리들이 나리에게는 불충을 저지르는 겁니다"라고 말했다. 노부나가는 이를 듣고 침묵했지만 이윽고 도키치에게 명해 공사를 관장하도록 했다. 도키치는 모든 인부를 만나 군주의 명이라 하며 술과 음식을 내리고 이들을 10개 조로 나누어 1개의 조에게 10평씩 맡겨 직접 격려하고 재촉하여 이틀 만에 모두 마칠 수 있었다. 노부나가는 이를 보고 크게 감탄하여 바로 공직을 내리고 관리로 삼았다고 한다.

노부나가는 그야말로 검약을 실천하였기 때문에 장작에 비용이 많이 드는 것을 걱정하며 도키치에게 이를 관리하도록 명했다. 이에 도키치는 원래 비용의 10분의 7을 아꼈다. 노부나가는 이에 더해 몇 가지 일을 더 시험하였고 모두 효과적으로 수행했으나 여전히 군사를 거느리게 하지는 않았다. 당시 노부나가는 미노美濃에서 사이토 가문을 공격했지만 그 뜻을 번번이 이룰 수가 없었다. 이에 여러 장수를 만나 논의했지만 나서서 이를 해결할 자가 없었다. 노부나가는 조용히 이를 도키치에게 도모하게 했고, 도키치는 자신이 직접 장수가 되어 군사를 이끌고 공격하겠다고 청을 올렸다. 이에 노부나가는 병사 500명을 내려 경계하며 이들을 보낸다. 도키치는 곧바로 유명한 대도적 하치스카 고로쿠蜂須賀小六, 이나다 오이稻田大炊 등 60여 명과 그 부하 1200명과 합세해 적진을 공격해 크게 무찔렀다. 노부나가는 그 공을 치하해 3천 관貫34)의 상을 내렸고 이름을 히데요시秀吉라 명명한다.

아시카가 요시아키足利義昭는 처음에는 노부나가에 의해 옹립되어 교토에 있었지만 이를 해치는 자가 있을까 우려해 노부나가에게 명하여 치유 켄비智勇兼備라는 한 장수를 데리고 교토를 진압하도록 했다. 사람들은 모두 시바타 가쓰이에柴田勝家, 단바 나가히데丹羽長秀, 규마 노부모리久間信盛의 세 사람일 거라 생각했으나 기노시타 히데요시木下秀吉에게 명이 내려졌다. 히데요시는 명을 받들어 즉시 교토로 들어와 요시아키를 알현해 교토에서의 일을 판결하니 변명의 여지가 없었다. 그리고 아사이, 아사쿠라浅倉 두 가문을 공격하여 결국 이들을 멸했기에 공을 치하 받아 아사이 가문의 땅이었던 19만 석을 하사받았고 오우미近江의 나가하마長浜에성을 축조하여 기거하게 되면서 치쿠젠노카미筑前守로 추대되었고 자신의 성을 고쳐 하시바羽柴가 되었다.

---

34) 관(貫)은 질량의 단위로 대체로 1관은 7.54kg 정도 된다.

제10과 도요토미 히데요시 전 2

히데요시秀吉는 오동나무로 휘장*을 만들고 금 표주박을 마표馬表*35)로 삼았는데, 한 번 승리를 할 때마다 표주박 하나씩을 더해 이를 쌓아 하늘에 닿게 하겠노라고 각오했다. 이 때문에 그 이름을 센표千瓢라 불렀다. 군대를 출병시킬 때마다 적이 오동나무 휘장과 센표의 마표를 보고는 피했다고 한다. 히데요시가 전후로 해 받은 봉록을 모두 합치니 22만 석이 되었다. 당시 모리 테루모토毛利輝元가 산요山陽와 산인山陰 지역의 10여 개 주를 차지하고 있었으며, 우키다 나오이에浮田直家가 히젠肥前과 미마사카美作에서 그와 함께 했다. 노부나가信長는 이들을 공격하고자 계획하고는 바로 히데요시를 정서대장군征西大将軍에 책봉한다. 이에 히데요시는 먼저 하리마播磨로 들어간 후 5년이나 걸려 결국 하리마, 히젠, 미마사카, 다지마但馬, 이나다因幡의 다섯 지역을 평정했다고 한다.

히데요시는 더욱 나아가 빗츄備中의 마쓰야마성松山城에서 모리 가문의 군대를 공격하여 거대한 방어벽을 성 남쪽에 쌓아 올리고

---

35) 전국시대 전장터에서 무장이 자신의 소재를 나타내기 위한 말이나 본진에서 긴 장대 끝에 붙여둔 표식을 가리키며, 우마지루시(馬印), 하타지루시(旗印)라고도 부른다.

고부강甲部河의 물을 끌어와 이곳에 부었기 때문에 성이 물에 몇 척이나 잠겼다. 또한 노부나가가 많은 군사를 이끌고 지원을 온다는 소식을 듣고는 급기야 데루모토는 사신을 보내어 화친을 청했으나, 히데요시는 이를 받아들이지 않았다. 그때 아케치 미쓰히데明智光秀가 배신하여 혼노지本能寺에서 노부나가를 죽였고, 그 변고가 마침 히데요시에게 들려 왔다. 이에 히데요시는 확실히 이를 모리 가문에 알려 화친을 한 후 곧바로 병사를 이끌고는 아마가사키尼崎로 가 사신을 미쓰히데에게 보내 야마자키山崎에서 싸울 것을 청했다. 싸움이 시작되자 미쓰히데의 군사는 크게 패하여 오구르스小栗栖로 도망을 쳤지만 병사들에게 죽임을 당한다. 이렇게 히데미쓰의 목을 교토에 가지고 가 혼노지에 걸어두었다. 노부나가가 죽임을 당하고 이 날까지 겨우 13일밖에 걸리지 않았다고 한다.

시바타 카쓰이에柴田勝家 등은 히데요시의 권세가 나날이 높아지는 것을 보고 이를 멸하고자 도모하여 시즈가타케賤が丘에서 전투를 벌였지만 가쓰이에는 결국 패하고 말았다. 이리하여 노부나가의 아들 노부카츠信夫도 히데요시의 권세가 드높아지는 것을 보고는 이와 절교하고 도쿠가와德川 가문에 원군을 요청한다. 여기서 벌어진 것이 고마키야마小牧山 전투인데 결국에는 화친하여 완전히 평정을 하기에 이른다. 이후 엣쥬越中 지역에서 삿사 나리마사佐々成政를 공격하여 이들을 끌어내렸고, 사쓰마薩摩 지역의 시마즈 요시히사島津義久를 공격하여 이들 또한 끌어내렸다. 그러나 호조 우지마사北条氏政만은 관동関東의 8개 주36)를 장악하였고, 다테 마사무네伊達政宗는 무쓰陸奧와 데와出羽를 장악하여 내려올 생각을 하지 않았

---

36) 관동의 사가미(相模), 무사시(武蔵), 고즈케(上野), 시모쓰케(下野), 아와(安房), 가즈사(上総), 시모우사(下総), 히타치(常陸)의 8개 지역을 뜻한다.

다. 이에 군대를 일으켜 오다와라小田原에서 우지마사를 공격해 마침내 우지마사는 성에서 물러났지만 죽이라 명령했고 그 잔당들은 놓아주었다. 히데요시가 마침내 호조 가문이 다스렸던 8개 지역을 모두 도쿠가와 가문에게 하사한다. 이로써 다테 마사무네 또한 물러나게 되었다고 한다.

도요토미 히데요시

히데요시는 비천한 신분으로 태어난 사람이라 그 성도 정확하지 않다. 처음에는 다이라平라 불렸고 나중에는 후지와라藤原라고 했는데 결국에는 정이대장군이 되기를 희망하여 후지와라 하루스에藤原晴季라 부르게 되었다. 원래 대장군은 미나모토 씨源氏가 아니면 안 되는 일이었다. 공公은 후지와라라 칭하게 되었기에 다행히도 관백關白이 될 수 있었던 것이라고 한다. 조정은 조칙[37]으로 관백에 봉하였다. 히데요시는 다른 성을 쓰는 것을 부끄러워하며 새로운 성을 받고자 청하였기에 성을 하사받아 도요토미豊臣라 부르게 되었다. 이로써 천하의 명령이 모두 그의 손에서 나왔고 세비가 200만 석에 이르렀다고 한다. 이렇게 히데요시는 추대되어 태정대신이 되었고 관백이 되었던 것이다.

히데요시는 이미 온 나라를 평정했지만 여기에서 만족해 하지 않고 사신을 조선으로 보내어 조공을 요구했지만 답례가 없음에 분노하여 결국에는 조선을 공격했으며 나아가 중국으로 진출하고

---

37) 임금, 천황의 명령

자 마음먹었다. 이리하여 육군과 수군 병사 5만 명을 일으켜 가토 기요마사加藤清正, 고니시 유키나가小西行長 이하 10여 명의 장수를 보냈다. 히데요시는 몸소 히젠肥前의 나고야名古屋로 가 멀리 있는 군사에게 명령을 내렸다. 이 군사들은 7년이 지났지만 여전히 결판을 내지 못했다. 마침 히데요시는 병에 걸려 위독해졌고 급기야 임종을 맞이하기에 이르렀으나 눈을 힘겹게 뜨며 말하길 "우리 10만 병사가 해외를 떠도는 혼백이 되지 않도록 하여라"라는 마지막 유언을 남기고 끝내 서거했는데 그때 나이가 63세였다.

히데요시는 몸종으로 시작했지만 기회를 잘 활용해 결국 군웅을 제패하고 그 지위가 신하의 끝까지 올랐다. 이렇듯 웅대한 재능과 원대한 지략은 8년 만에 60여 개 지역을 평정하고도 그 힘이 남아 이를 해외에서 시험하기에 이르렀다. 이 또한 장대한 것이라 할 수 있다. 그러나 죽어 그 육신이 식지 않았음에도 군웅들이 각기 독립의 뜻을 펼쳤기에 2대에 이르러 결국 그 가문은 멸망하게 된다.

*휘장(徽章): 문양이라 부른다.
*마표(馬表): 마표이다.

제11과 히데요시를 논하다

히데요시秀吉는 필부로 시작해 천하를 장악하셨기 때문에 세상 사람들은 이를 칭송한다. 우리 조정에서는 이러한 일이 매우 희귀하지만 다른 조정에서는 그 예가 적지 않다. 그저 그때 운이 좋았다고 해야 할 것이다. 왜냐하면 당시에는 불충한 자가 많고, 권모술수만 능한 자뿐이며, 인의충의仁義忠義 같은 것은 아예 몰랐던 시기라 때를 잘 만났기 때문이리라.

그래서 노부나가信長의 커다란 은혜로 출세를 하였고, 그 병사의 위력으로 스스로 쥬코쿠中国 지역을 진압하기에 이르렀는데, 병사는 이미 강했고 나라는 이미 부강했다. 메이치明智 천황이 노부나가를 죽였다는 소식을 듣고 모리毛利와 화친한 후 급히 군대를 모아 행동하는 등 실로 영웅이 할거하였기에 그 의기는 세상을 덮을 만큼 왕성했다고 할 수 있다. 하지만 메이치를 토벌한 것은 노부다카信孝의 공도 적지 않았다. 그럼에도 이를 자신의 공이라 평가 받고 있다. 중신들이 논의하여 노부나가가 다스리던 지역을 나누고는 그 자손을 세워 평화스러운 세상으로 만든 것처럼 보였지만, 이때 노부다카의 마음은 좋지 않았고, 시바타柴田처럼 불화가 일어난 것도 이유가 없지는 않다. 이 모든 것은 오다織田 가문의 풍습이 스스로의 용감무쌍함을 자랑스러워하며 그 권세를 둘러싸고 다투었기 때문에 모여 논의를 하더라도 제대로 결정을 내리지 못해 종국에는 패했던 것이다.

히데요시의 무리는 히데노부秀信의 유치함과 노부카츠信雄의 어리석고 도리에 맞지 않음을 이용했고, 시바타는 노부타카의 진취적 기상을 좋아했다. 하지만 노부타카 무리는 호쿠리쿠北陸에 있으며 사방에 도움을 청했지만 히데요시의 무리는 모두 철저히 막고 대립했다. 게다가 요충지를 선점하여 북쪽의 적을 기다렸다 기후岐阜를 공격한다. 시바타가 군사를 내어주긴 했지만, 빠르게 군사를 부려 재빨리 이를 쳤기 때문에, 노부타카를 무너뜨리는 일이 여우나 멧돼지 사냥보다 쉬웠다. 그 후 노부카츠를 멸하려 했으나 하늘이 그들을 도와 그 뜻을 이루지 못하고 평화롭게 지냈지만 훗날 노부카츠를 물리친 것을 보면 그 속마음을 미루어 짐작할 수 있다.

시바타가 망하고 노부타카가 죽자 각 지역을 자신을 도와주었던 사람들에게 나누어주었더니 스스로 그의 그늘 아래 들어와 따랐다. 그를 위해 행동한 것을 부끄러워하던 니와 나가히데丹羽長秀는 자살을 했다. 하지만 하늘이 벌을 내려 히데요시의 가문이 채 2대 가지 못했기 때문에 논할 거리조차 되지 않는다. 독사여론読史余論38)

---

38) 에도시대의 학자이자 정치가인 아라이 하쿠세키(新井白石)가 저술한 일본 정치사, 사론이다.

제12과 신발 신겨주는 노비

신발을 신겨주는 노비는

그 생김새가 마치 원숭이 같구나.

신발을 내 버린 손에 깃발을 쥐고서는 큰 바람처럼 소리를 지르네.

가운데 손가락이 손바닥의 마음을 거스르도다.*

66개주를 손에 쥐락펴락 하네.

용을 길들이고 호랑이를 다루는데도 아직도 힘이 남아돈다네.

되려 곤이란 거대 물고기가 어두운 바다를 위협하는구나.

금사발*이 내게 부족하거나 깨질 줄 어찌 알았으랴.

마땅히 득과 실이 모두 내게서 비롯되었다 말할 터인데.

오호라! 술수가 없고 꾸밈없이 했다한들 그대 자신을 탓하지 마오.

신발과 천하는 대동소이하나니.

*가운데 손가락이 손바닥의 마음을 거스르도다(掌心逆理貫中指): 원래 뜻은 세상이 칭하길 태각39)의 손바닥 안에 그 진리가 있으나 가운데 손가락이 그를 거스른다는 뜻이다. 손바닥은 천하의 모습을 뜻한다.

---

39) 섭관이나 관백에서 물러난 후 자식이 섭관, 관백 자리를 물려받을 경우 자리에서 내려온 사람을 칭하는 것으로 도요토미 히데요시가 양자 히데쓰기(秀次)에게 관백자리를 물려준 후 태각이라 칭해졌다.

*금사발(金甌): 금으로 만든 사발이며 천하에 비유한 것이다. 양무제(梁武帝)가 말하길 "우리 나라 금사발은 흠집 하나 없는 것이다". 그리고 또 말하길 "내가 이를 얻고 내 자신을 잃는다 면 얼마나 한이 남겠느냐".

제13과 증기기관

　지금으로부터 약 200여 년 전에 우스터Worcester 후작이라는 사람이 죄를 지어 런던탑의 작은 방에 갇혀 있었다. 추운 밤, 홀로 난롯가에 앉아 있었는데 그 위에 걸려 있던 주전자가 저절로 뚜껑을 밀어 올렸고, 또 그 주둥이에서는 증기를 내뿜었다. 후작이 이를 주시하더니 이윽고 이 증기력의 작용에 대해 생각하길, '만약 이 뚜껑을 동여매고 입구도 막아버리면 어떠한 결과가 생길까? 결국 주전자가 터져 버릴 거야.'라는 사실을 깨닫게 되었다. 후작은 '그렇다면 증기 안에는 엄청난 힘이 있을 것이다'라고 생각했다. 이때부터 여러 가지로 방법을 강구하였고 결국에는 증기의 팽창력을 이용해 물을 40자(尺: 1333.2cm)에 달하는 높은 곳까지 올릴 수 있는 기계를 만들었다. 이것이 바로 증기 펌프의 기원이다.

　그 이전에도 증기의 힘을 실험했던 사람은 있었지만 실제로는 거의 쓸모가 없는 것들이었다. 그러다 이 엄청난 힘을 자유자재로 사용하게 된 것은 우스터 후작 이후 100년이 지나 제임스 와트James Watt라는 사람이 고심 끝에 만들어낸 성과물이라 하지 않을 수 없다.

　제임스 와트는 서기 1736년에 스코틀랜드의 그린녹Greenock에서 태어났다. 그의 아버지는 배를 만드는 목수였다. 유년기에는 몸이

몹시 허약해 학교에 나갈 수 있는 날도 무척 적었다. 그랬기 때문에 어머니는 독서를, 아버지는 습자와 산술을 가르쳤다. 와트는 이렇게 집에만 갇혀 지내긴 했지만 공부도 잘했고, 마치 어른과 같이 깊이 있는 사고를 하였다. 그래서 아버지는 큰 희망을 품었지만 가족은 기대하지 않았다. 어느 날, 와트가 주전자 입구에서 나오는 증기 위에 숟가락과

제임스 와트

접시를 번갈아 대보고 그 안에 맺히는 물을 1시간도 넘게 아무 말 없이 지켜보고 있었기에 숙모는 이를 보고 꾸중을 하셨다는 일화도 있다.

와트는 수학용 기기 만드는 일을 배웠고 청년이 되자 글래스고 Glasgow라는 마을에 한 상점을 열었다. 얼마 되지 않아 와트가 비범한 소년이라는 소문이 났고 대학생뿐 아니라 많은 교수들까지도 신기한 발명품에 대해 평가를 하려고 와트의 상점으로 몰려들었다. 그 중에 물리학 교수 앤더슨Anderson이라는 사람이 있었다. 어느 날 대학 박물관에 있는 작은 증기기관 모형에 흠집이 생긴 것을 발견하고는 그 수선을 부탁하러 와트의 상점에 가지고 왔다. 이 우연한 일이 와트가 대발명을 하는 계기가 되었다.

증기기관이라 하면 대부분의 세상 사람들은 복잡한 기계라 이를 연구하는 사람만 제대로 이해할 수 있다고 생각한다. 그러나 일반적인 펌프에 대해 이해할 수 있는 사람이라면 증기기관을 이해하는 일은 무척 간단하다. 지금 그 기관에 대해 간단히 설명하자면,

강한 파이프, 즉 실린더와 이에 삽입하는 막대기 그러니까 피스톤, 이렇게 두 가지를 가지고 기관에서 오는 증기를 처음에는 막대기 아랫부분에 받아 두고, 또 그것을 그 윗부분에서도 받아 가며 그 막대기를 아래위로 운동시킨다. 그리고 그 막대기의 상단을 움직이게 하는 기계에 묶어 둔다.

그런데 앤더슨이 와트의 상점에 가지고 온 것은 뉴코먼New Comen 이라고 하는 기계로 그 피스톤은 실린더 안의 증기에 밀려올라가지만 다시금 이를 밀어내리기 위해서는 증기를 식혀 물로 만들어야 했다. 이렇게 하려면 실린더도 함께 식혀 주어야만 한다. 그렇다면 피스톤을 다시 밀어 올리기 위해서는 또다시 식은 실린더를 다시 한 번 뜨겁게 해주어야만 한다. 당시 이를 공기 기관이라 이름 붙였는데 참으로 어울리는 이름이 아닐 수 없다. 왜냐하면 피스톤을 밀어 올리는 것은 증기의 힘이지만 이를 다시 밀어내리는 것은 공기의 압력이기 때문이다.

와트는 이 기계를 철저히 연구하여 실린더가 한 번 식고 한 번 열을 내는 데에는 엄청난 열량을 소비하고 이 때문에 막대한 연료를 소비한다는 사실을 알게 되었다. 피스톤을 한 번 올리고 내리는 데 이렇게 엄청난 힘을 사용하는 기관은 더욱 더 그러했다. 그렇다면 실린더를 식히지 않고 그 안의 증기만을 식히려면 어떻게 하면 될까? 이에 대한 답을 얻지 못한 채 와트는 수개월간 고심하고 있었다. 그러던 어느 날, 근교를 산책하다 우연히 그 해답을 발견하게 되었다. 그러니까 증기를 실린더 안에서 식히지 않고 이것을 외부 기기에 옮겨서 식히는 방법이었다. 이렇게 하면 실린더를 다시 식히지 않아도 항상 열기를 유지할 수 있다. 이것이 바로 와트가 처음으로 발견한 중요한 요소이다. 다음에는 증기의 힘으로 피스톤을 밀어 올릴 뿐 아니라 이를 다시 밀어내리는 데도 증기의 힘을 이용하는 구조를 발명해 냈다. 이리하여 지금은 공기 기관이라 하지 않고 와트의 복식증기기관複働蒸氣機關40)이라 부르게 되었던 것이다.

---

40) 증기를 실린더 안이 아니라 실린더와 연결된 별도의 응축기에서 압축시키고, 피스톤을 대기압이 아니라 증기압력으로 움직이는 방식이다. 응축기만 냉각되고 실린더의 열은 보존되어 효율성이 매우 높았고, 석탄 소모량도 뉴커먼 기관에 비해 4분의 1 이하로 줄일 수 있었다.

제14과 스티븐슨 전 1

조지 스티븐슨George Stephenson과 제임스 와트 두 사람은 우리들이 철도여행을 할 수 있도록 만들어준 은인들이다. 와트는 증기기관 완성에 온 힘을 다했으며, 스티븐슨은 증기기관을 움직이는 기기行動器에 적용하는 데 노력했기에 결국 기차를 움직이게 하는 기관차와 철도를 완성하게 되었던 것이다.

스티븐슨은 영국의 노섬벌랜드Northumberland주의 와일램wylam이라는 작은 마을에서 태어났다. 6형제로 아버지의 이름은 로베르트Robert라 불렸다. 집은 간신히 비와 이슬을 피할 수 있을 정도였으며 방도 하나밖에 없었다. 이 한 방을 응접실, 침실, 주방으로 겸해 사용했기에 늘 3개의 카우치臥榻를 함께 두었다. 아버지는 근처 작업장에 보일러공으로 고용되어 일주일에 고작 12실링Shilling*의 급료를 받아 가족을 부양했다. 이토록 가난한 집이었기에 어린 시절, 초등학교에 다니며 교육을 받겠다고 차마 말할 수조차 없었고, 여덟 살의 나이로 목장에서 일하며 하루 2펜스Pence의 급료를 받으며 부모를 도왔다.

스티븐슨은 이때 이미 기관사로서의 자질이 있어 늘 기계의 구조 연구에 관심을 기울였다. 그래서 여유만 생기면 흐르는 강물에 작은 물레방아를 만들거나, 아니면 진흙을 떠 와서 점토 기계를 만들거나 했다. 13살이 되자 아버지 집에 두려고 해시계를 만들었다고 한다. 14살 때에는 아버지가 일하는 작업장의 보일러공 조수가 되어 아버지와 함께 일을 하면서 하루 1실링의 급여를 받으며 장래에 기관사가 되겠다는 바람을 더욱 굳혀 갔고, 무척 열심히 일을 했기 때문에 점차 승급하여 후에는 1주일에 12실링의 급료를 받기에 이른다.

스티븐슨은 이 자리가 자신의 적성과 희망에 꼭 맞는다고 기뻐하며 모든 기계 하나하나에 주의를 기울였고 질리지 않고 항상 기계를 제 것처럼 아끼고, 모든 부품에 대해 숙지했기 때문에 이를 해체*하고 청소하며, 고장난 곳을 수리하는 등, 기계에 관한 것이라면 타인에게 배우는 일이 매우 드물 정도였다.

스티븐슨은 자신이 하려고 하는 것이라면 아무리 작은 것이라도 늘 이를 이루기 위해 노력했다. 때문에 스티븐슨 자신이 "내가 사업을 잘 해 낼 줄 알았다"고 말했고, 이는 평생을 열심히 살아왔기에 할 수 있었던 말이다. 그리고 스티븐슨은 이러한 직업에 종사했기 때문에 당시 본적도 없는 기계의 구조 등과 관련된 말을 듣거나 또는 책에 적혀 있는 기계의 도면 등을 보아도 낫 놓고 기역을 모르듯이 자세한 것에 대해 알 수가 없었다. 그래서 스티븐슨은 야학에 뜻을 품고 나이 18세에 처음으로 문자 읽기를 배우고, 19세에 겨우 자신의 이름을 쓸 수 있게 되었다. 산술은 야학에서 충분히 가르치지 않았기에 공장에서 기계를 돌보는 짬짬이 공부를 했다. 스티븐슨이 당시 받은 교육은 대체로 이러한 것들이었다.

*해체(解體): 하나 하나 분리하는 것.
*실링: 영구 화폐 단위로 우리나라 금화 약 25전에 해당된다.

제15과 스티븐슨 전 2

스티븐슨은 돈이 생기는 일이라면 자신의 노력을 아끼지 않고 이에 종사하려 했기에 어떤 때에는 구두를 수선했고, 또 어떤 때에는 시계를 수리하면서 조금씩 돈을 저축하여 스물한 살의 나이에 작은 집을 소유하게 되었고 아내도 맞이할 수 있었지만 그 아내는 로베르트라는 자식 하나만 남겨두고 일찍이 이 세상을 떠났다고 한다. 그리고 스티븐슨은 우연한 기회에 세상에 그 이름을 알리게 된다. 그 자초지종은 어느 곳에 구조가 좋지 않은 증기 기관이 있었는데 어떤 기관사도 제대로 고치지 못했으나 이를 스티븐슨에게 맡겼더니 바로 기계를 분해해 고장 난 부분을 알아차리고 솜씨 좋게 이를 수리해냈기에 단번에 그 명성이 세상에 알려졌다. 이어 스티븐슨은 안전등安全燈[41]을 발명하여 학자, 공예가 모두 그 이름을 알게 되었다. 이후 드디어 기관차의 구조를 완성하여 처음으로 영국의 스톡턴Stockton과 달링톤Darlington 간에 철도를 부설하고 처음으로 기관차의 시운전을 하게 되었다. 이때가 1825년의 일이다. 그리

---

[41] safety lamp, 탄갱 등에서 폭발성 가스로 인한 점화와 폭발을 방지하기 위해 사용되는 철망으로 싼 화염식 등화 장치를 가리킨다.

고 리버풀Liverpool과 맨체스터Manchester 간에도 철도를 부설한 뒤, 스티븐슨은 기관차로 1시간에 12마일(19.312128km)을 운행하겠다고 공언했으나 사람들은 모두 이 말을 믿지 않고 비웃었다. 그러나 실제 이 말이 실현되었기에 세상 사람들은 모두 운행 속도가 **빠르**다는 것을 알게 되었을 뿐 아니라 이를 움직이게 하는 기관차의 구조에도 감탄하지 않을 수 없었다. 당시 스티븐슨은 리버풀의 철도 회사로부터 연봉 1,000파운드를 받았지만 철도 낙성을 하는데 최고의 기관차를 만들게 되면 거기에 500파운드의 상여금을 주겠다는 약속도 미리 받아두었기에 결국 이를 낙성한 후 그 상여금까지도 받았다고 한다.

이렇듯 스티븐슨의 명성이 세계적으로 높아지자 그 가계도 저절로 넉넉해졌다. 그 후 214마일에 이르는 철도를 건설하기 위해 500만 파운드 규모의 공사를 감독했는데, 공사가 바쁜 와중에도 스티븐슨은 유년기의 마음으로 들에서 놀기도 하고 산에서 사냥을 하기도 하며 최상의 즐거움을 누렸다. 이렇게 영국의 철도 부설에는 늘 그 공사의 감독을 도맡아 했을 뿐 아니라 외국으로부터도 철도 공사의 의뢰를 받아 스페인, 벨기에에 다녀오면서 감기를 앓는 바람에 집에 돌아온 후 결국 죽음을 맞이했다. 그때가 1848년으로 향년 68세였다고 한다. 스티븐슨은 처음에는 입고 먹는 것이 어려울 만큼 곤궁한 사람이었지만 나중에는 가문의 부를 이루었을 뿐 아니라 영국의 상업과 공업을 대단히 번영시켰다. 그렇기에 세상 사람들이 증기차의 발명을 세계 문명의 일대 기원이라 하는 것도 합당한 것이라 하겠다.

제16과 값의 고저

　요즘에는 가다랭이포鰹節[42])의 값이 매우 비싸 이를 아껴 쓰기 때문에 국물의 맛이 없다고 하는 사람이 있다. 반면 비단이 무척 저렴하기 때문에 사서 써야 한다고 하는 사람이 있다. 이와 같이 때에 따라 물건의 값에 고저가 있는 것은 무엇 때문인가.

　매년 6월 말 경이 되면 과일 가게에 오이를 늘어놓은 것을 볼 수 있다. 그 색이 모두 파래 맛은 없지만 그 값은 매우 비싸다. 이것을 사기 위해 1전을 내더라도 겨우 4~5개밖에 살 수 없다. 이렇게 비싼 이유는 무엇일까. 시기가 일러 익은 것이 드물기 때문이라 하는 사람이 있다. 그 증거로는 오이가 익는 시기에는 그 색이 황적색으로 변하고 맛 또한 매우 달지만 열 몇 개를 사더라도 채 1전을 내지 않아도 된다. 그러나 오이의 값이 이처럼 비싼 것은 오로지 시기가 일러 물건이 희귀하기 때문이라고 하지만, 시기가 이미 지나 오이나무에 열매를 맺지 않아 이 물건이 다시 드물어져도 한 바구니에 2전밖에 되지 않는 것은 무엇 때문일까? 아마도 이때가 되면 사람들이 점차 오이에 질리고 단 복숭아, 배 등이 익어 사람들은

---

42) 가쓰오부시

모두 이런 새로 나온 과일을 원하기 때문일 것이다.

그러므로 물건 값이 오르는 것은 그저 그 물건의 희소함에만 있는 것이 아니라, 이를 구입하는 사람이 많기 때문이다. 그러니 때가 되면 사람들은 오이를 원하며 다른 종류의 과일이 아직 익지 않아 그 수요도 크게 늘어 결국 오이의 값을 뛰게 한다. 그러다 사람들이 이에 질릴 무렵에는 사는 것도 따라 줄어준다. 과일장사는 오히려 살 사람을 찾기에 급급하다. 이때에는 상인은 팔려고 하고 소비자는 사려는 마음이 줄어든다. 따라서 그 값이 반드시 내려가게 된다.

본디 어떠한 장사이건 내가 팔려고 할 때에는 그 값은 사려는 사람의 말에 따라야 한다. 사는 사람도 굳이 사려고 할 때에는 파는 사람이 말하는 값을 지불해야 한다. 이렇듯 상인이 팔기 위해 물품을 제공하는 것을 물품의 공급이라 하고, 살 수 있는 자본력을 가진 사람이 이를 사려고 하는 것을 물품의 수요라 한다.

이렇듯 공급과 수요의 관계에 따라 값이 오르락내리락하는 것은 결코 물품에만 한정된 것이 아니다. 노동자의 하루 피고용인의 임금 및 상인의 이익에 많고 적음이 생기는 것도 이러한 원리에 의한 것일 뿐이다. 그러므로 수요와 공급의 관계에 따라 물건 값의 고저가 생기는 것은 하늘이 맑은지 비가 내리는지에 따라 강물이 증감하는 것과 같은 이치이다.

제17과 영국의 상업 1

영국은 유럽 대륙의 서쪽에 위치하며, 두 개의 큰 섬과 5천여 개의 작은 섬이 합쳐진 나라의 이름이다. 이 나라와 유럽 대륙 사이에는 영국 해협이 있는데 수로가 좁은 곳은 겨우 22마일밖에 되지 않는다. 두 개의 큰 섬 중 동쪽에 있는 것은 브리튼不列頓이라 하고 서쪽에 있는 것을 아일랜드愛蘭라 한다. 브리튼은 세 지역으로 나눈다. 남쪽은 잉글랜드英蘭이며, 서남쪽은 웨일즈Wales, 북쪽은 스코틀랜드蘇格蘭이다. 이 두 섬을 합쳐 대大브리튼 및 아일랜드의 합중왕국合衆王國43)이라 칭하는 것이다. 그 형세, 위치, 넓이, 인구 모두 우리 일본과 다소 비슷하지만 이 나라에 속한 토지는 전 세계에 걸쳐 있어 면적의 넓이가 우리나라의 75~76배에 달하며, 인구도 2억 4천만 남짓이나 된다. 그렇기 때문에 그 나라 사람들은 영국의 영지에서는 해가 뜨는 것을 볼 수 없다44)며 서로들 자랑스러워하는 것도 나름대로의 이유가 있는 셈이다.

영국 본국은 그 지세가 대체로 평탄하고 강의 흐름도 완만하기

---

43) United Kingdom을 직역한 말
44) 해가 지지 않는다는 것을 뜻함

때문에 무엇보다 해상운수업이 편리하다. 전국에서 화물을 운송할 수 있는 강의 길이는 1200마일이나 되는데다 거기에 수많은 운하를 만들어 배의 왕래를 자유롭게 하여 그 길이가 무려 2800마일에 달한다. 그리고 도로 길이는 3500마일로 여기에 돌을 깔아 마차 통행이 편리하도록 만들었다. 지방도里道, 국도邑道의 길이도 15만 마일이나 되며, 어디든 마차가 다닐 수 있는 평평한 길이다. 게다가 철도가 많고 마치 거미가 줄을 뻗듯이 전국 구석구석 닿지 않는 곳이 없어 깔려 있는 길이가 18,000마일로 승객과 화물 운임이 1년에 대략 1억 5천만 달러 이상이라고 한다. 따라서 토지와 인구에 비례해 철도 길이는 영국이 세계 최고라 할 수 있다.

동·서·남쪽의 3면에는 항구의 수가 매우 많다. 그 중에서도 출입 선박이 끊이지 않고 하루 종일 북적거리는 항구라고 하면, 동쪽에는 런던과 뉴캐슬이 있어 북해의 교역을 맡고 있으며, 서쪽으로는 리버풀과 글래스고가 있어 미국과의 교역을 담당하고, 남쪽으로는 사우샘프톤과 아일랜드의 더블린 등이 있어 해상 무역이 모두 이렇게 활발하게 이루어지는 예는 세계 어느 곳에서도 유례를 찾아볼 수 없다.

영국은 세계의 대시장이라는 말이 있을 만큼 그 교역이 성하다는 것을 미루어 짐작할 수 있다. 아마도 영국의 위치는 유럽, 아프리카, 미국 사이에 끼어 있고, 사면이 모두 바다로 둘러싸여 있어 유명한 항구가 무척 많고, 그 국민들은 모두 상업에 힘써 다리가 쉴 틈 없이 늘 사방으로 분주하게 돌아다니기 때문일 것이다. 이는 오늘날 번영을 이루는 원천이 되었다. 그 교역 화물 중에서도 특히 석탄, 철재, 기계, 그리고 면화, 양모, 마의 직물을 영국의 6대 수익품이라 한다. 하지만 자국에서 나가는 것은 석탄, 철재뿐이며 다른 것들은 모두 외국에서 수입한다. 즉, 미국에서는 목화를 보내고, 호주에서는 양모를 보내며, 인도에서는 마를 보낸다. 그렇기 때문에 영국 항구에는 하루 종일 배의 출입이 끊이질 않아 국민들은 안색이 나빠지고 굶어 죽는 일이 생길 것이라 할 정도이다. 따라서 영국의 시장에 모이는 화물의 가격은 전 세계 교역에까지 그 영향력을 미친다고 할 수 있다.

제18과 영국의 상업 2

영국에서 철광을 캐내는 양은 1년에 대략 800만여 톤이다. 톤이라는 것은 영국의 무게를 재는 단위로 1톤은 우리나라의 약 272관(貫, 약 1,020kg)[45]에 해당된다. 철은 외국에 쌓아 보내는 양만해도 3백만여 톤이 넘고 그 가격은 1억 3천만 달러 이상이다. 그 산지는 여러 곳이지만 특히 스코틀랜드, 웨일즈에 많으며, 수출하는 나라는 주로 러시아, 이집트, 인도 등이다. 짐작컨대 해마다 이렇듯 많은 철을 소비하는 이유는 거대한 배를 만들거나 철도를 깔기 때문일 것이다. 영국의 철도회사가 직접 부설하는 철도가 세계에는 적지 않다. 인도, 호주는 말할 것도 없고 이탈리아, 오스트리아, 이집트 등의 철도도 영국인 손에 의해 만들어진 것이 대단히 많아 철의 소비 또한 해마다 증가하는 것은 자연스러운 일이다.

철은 석탄이 있어야 비로소 제대로 사용할 수 있다. 따라서 석탄과 철은 상호 보완 관계라는 것을 알아야 한다. 현재 영국의 석탄은 국가의 영리 사업 중 가장 크며 영국, 스코틀랜드, 아일랜드에는 1천8백 개 이상의 탄광이 있어 그곳에서 일을 하는 광부만도 40

---

45) 1관 3.75kg

만여 명이 있다고 한다. 또한 1년의 산출량은 대략 1억만 톤이 넘고, 그 중에서 외국에 수출하는 것은 천만 톤에 달한다고 한다. 우리 국내의 석탄 생산량은 90여만 톤으로 외국에 수출하는 것이 약 30만 톤임을 비교하면 실로 막대한 차이가 있다는 것을 알 수 있다. 영국에서 많은 석탄량을 캐는 지역이 노섬벌랜드[46] 주이기 때문에 영국 속담에 "노섬벌랜드 사람은 석탄으로 먹고 살며, 웨일즈 사람은 철로 먹고 산다"고 한다. 하지만 외국인이 평가하자면 영국 국민은 모두 석탄과 철로 먹고 산다고 해야 할 것이다.

영국의 제조업은 특히 방직업이 발달하였으며 그 중 으뜸가는 것은 목화 방직이다. 미국, 인도 등에서 수입하는 목화는 12억만 파운드이며 그 가격은 약 2억만 불이다. 맨체스터와 글래스고의 두 도시는 이들 제조업을 운영하여 오늘날 인구 50만의 번화한 도시가 되었다. 그 제조 공장의 숫자도 2천6백여 곳이나 된다고 한다. 다음은 양모 방직으로 양모도 호주와 미국의 바타비아[47] 등지로부터 수입하는 것이다. 그 방직소는 2천4백50여 곳에 이른다. 다음은 마와 견의 방직업이다. 이 두 가지는 그렇게 성업이라고는 할 수 없지만 제조소는 합쳐 1천2백여 개소나 된다고 한다.

수입품 중에서 가장 많은 6가지 종류가 있다. 그 6가지는 목화, 곡물, 수크로스,[48] 양모, 비단, 차이며, 그 가격은 1년에 약 16억 5천만 달러 남짓이다. 수출이 대단히 많은 것 또한 이 6가지로 무명, 담요, 삼베, 철, 석탄, 기계이며 그 가격은 1년에 11억 천만 달러 남짓이라고 한다.

---

46) Northumberland
47) Batavia
48) 자당(蔗糖). 사탕수수, 사탕무 따위의 식물에 들어 있는 이당류의 하나

영국의 주요 무역국은 합중국,[49] 프랑스, 독일, 러시아, 네덜란드, 그리고 이집트의 6개국이다. 속국으로는 인도, 호주의 두 곳이 있다. 합중국과의 무역은 주로 목화, 곡물의 두 가지로 리버풀과 뉴욕 간에는 선박의 왕래가 끊이지 않으며, 리버풀에 정박해 있는 6톤의 도크[50]는 이 교역을 위해 만든 것이다. 프랑스와의 교역은 유럽 전 지역의 교역과 관계하며 원 재료가 되는 물건을 외국에서 들여와 이 지역에서 제조를 해 다시금 프랑스 시장에 내놓는다. 또한 독일, 러시아는 유럽에서는 농업의 땅이며, 네덜란드는 목축의 나라이다. 그러므로 영국에서 소비하는 대부분의 곡물과 육류는 모두 이들 국가의 물품을 사용하는 것이다.

우리나라(일본)와 영국과의 교역량은 지금은 매우 적다. 메이지明治 15(1882)년 한 해에 우리나라에서 영국으로의 수출품 원가는 498만 엔 정도이며 그 중에서 100만 엔 어치는 쌀과 명주실 두 가지다. 또한 영국으로부터 우리나라에 들어오는 수입품의 원가는 1397만 3천 엔 남짓으로 100만 엔 이상 되는 물품으로는 면실과 생광목 두 가지를 들 수 있다.

---

49) 미국

50) 선거(船渠)라고도 하며 건설, 선박의 건조나 수리 또는 짐을 싣고 부리기 위한 설비를 가리킨다.

제19과 세키가하라(関が原) 전투 1

　도요토미 히데요시豊臣秀吉가 서거한 후, 그의 아들 히데요리秀頼는 어렸기 때문에 도쿠가와 이에야스德川家康가 후시미伏見에 기거하며 권력을 잡고 천하를 다스렸다. 때마침 마에다 도시이에前田利家가 오사카大坂에 머무르며 이에야스와 서로 왕래했기 때문에 이시다 미쓰나리石田三成, 마스다 나가모리増田長盛는 이를 편치 않게 여겼다. 이들은 도쿠가와 가문과 마에다前田 가문이 합심하여 천하를 다스리는 일이 없도록 둘 사이를 갈라놓아야만 했다. 이렇게 두 가문을 이간질시켜야만 자신들이 뜻하는 바를 이루리라 생각했기 때문에 두 사람은 양 가문의 사이를 나빠지게 할 계책을 세운다.

　이보다 앞서 임진왜란 때에 미쓰나리가 군감軍監[51]이 되었을 때, 이케다池田, 구로다黒田, 아사노浅野, 호소카와細川 등의 장군들의 공적을 숨겼기 때문에 모두 미쓰나리에 대해 불쾌한 생각을 품은 채 지내다 그 날에 이르렀기 때문에 연서連署[52]를 이에야스에게 올려 미쓰나리를 벌해 달라 요청했으나 이를 승락받지 못했다. 장군들

---

51) 군사를 감독하는 직책이나 사람
52) 여러 사람이 잇따라 한 문서에 서명한 것

은 도시이에利家53)에게도 청을 올렸으나 도시이에도 이를 승낙하지 않았다. 그 후 도시이에는 얼마 지나지 않아 병사한다. 장군들은 군사를 일으켜 미쓰나리를 치려했기 때문에, 사타케 요시노부佐竹義宣가 미쓰나리에게 권하여 자신이 미쓰나리를 호송해 후시미로가 도쿠가와 이에야스의 2인자로 투항시킨다. 마침내 이에야스는 장군들의 군사를 해산시키고, 미쓰나리를 설득하여 정권을 빼앗아 그 영지를 쉬속시켰다. 장군들은 다시금 미쓰나리를 치려했지만 도쿠가와에서 병력을 내어 그를 호송했기 때문에 그 계획도 수포가 되고 말았다.

이에야스는 우에스기 가게카츠上杉景勝를 오사카로 오게 해 만나게 하려했지만 가게카츠는 원래 미쓰나리와 획책을 같이 세워 각기 동서에서 군사를 일으켜 도쿠가와를 함께 치자고 약조를 했기에 이를 들으려 하지 않고 대답하길 "나는 태각太閤 전하의 유지를 받들어 동쪽 험한 산을 지켜야 한다. 도쿠가와님의 영을 받잡으라고?"라며 가로家老인 나오에 카네쓰구直江兼続를 시켜 호코지豊光寺의 주지 쇼타이承兌에게 서신을 보내어 그 이유를 말하게 하였다. 이에야스는 격노하여 직접 군사를 이끌고 가게카츠를 치기위해 아이즈会津로 향한다. 미쓰나리는 이를 예상하였기에 곧바로 군사를 일으켜 그 뒤를 쫓아 공격하고 바로 안고쿠지 에케이安国寺恵瓊, 오타니 요시다카大谷吉隆,54) 마시타 나가모리増田長盛 등 잔뜩 불러 평의회를 열었고, 급히 가깝고 먼 다이묘들을 돌아다니며 만나 "도쿠가와에게 큰 죄가 있어 젊은 주군이 정벌을 하시려고 한다"고 했다. 태각의 은혜를 잊지 못하는 사람들이 한걸음에 달려와 힘을

53) 마에다 토시이에(前田 利家)
54) 오타니 요시쓰구(大谷吉継)의 다른 이름

보태주었기 때문에 모리 테루모토毛利輝元를 비롯한 각 지역의 다이묘가 모이길 40여 명에 이르렀고 멀리서 응원을 하는 지역도 서른여섯 곳이나 되었다. 이렇게 서군이 후시미성伏見城을 공격하여 이를 함락시켰고, 곧바로 이세伊勢로 들어가 아노쓰성安濃津城을 공격해 차지했으며, 나베시마鍋島의 한 부대는 주둔하며 나가지마성長島城 공격에 대비하였고, 모리 히데모토毛利秀元, 나쓰카 마사이에長束正家 등은 진격하여 난구산南官山에 진을 쳤으며, 고바야카와 히데아키小早川秀秋는 마쓰오야마松尾山에 진을 쳤다. 이시다 미쓰나리는 후시미 전투 이후 먼저 미노美濃에 들어가 오가키성大垣城을 근거지로 삼았다.

이에야스가 이미 에도를 출발해 오야마小山에 이르렀을 때 후시미 함락의 비보를 접했기 때문에 이에야스를 따르는 사람들은 모두 매우 놀라 의견이 분분했으나 혼다 마사노부本多正信가 말하길 "이렇게 따르는 다이묘들은 모두 오사카에 인질이 잡혀 있기 때문에 도쿠가와 가문을 위해서 힘을 다할 것입니다. 그러하니 그들을 모두 각자의 지역으로 돌려 보내주어, 대대로 도쿠가와님을 섬겨온 후다이譜第 다이묘들과 에도의 사방을 굳게 지켜야 할 것이옵니다"라고 말했기 때문에 이 생각이 좋다고 말하는 사람도 많았다. 이때 이이 나오마사井伊直政가 나와 말하길 "도쿠가와 가문이 천하를 쥐기 위해서는 오늘을 버려야 할 것입니다. 하물며 하늘이 내려주는데도 이를 취하지 않으면 오히려 그 재앙을 받을 것입니다"라고 했기에 "신속하게 오사카로 올라가 군웅들을 쳐서 없애려면 한쪽만 단단히 지키는 것은 의미가 없을 것이다"라고 말하며 이에야스는 앞서 오사카를 나왔지만, 이시다 미쓰나리 등이 그곳을 호시탐탐 노리며 기회만 엿볼 것을 예견했기 때문에 전혀 놀라지 않고 바로 그 의견에 동의하고는 다음날 다시금 장군들을 불러모아 이

이 나오마사와 혼사 타다카츠本多忠勝에게 "오사카에 가 겠느냐 아니면 나를 따르겠느냐, 너희들 마음 가는대로 하거라!"라고 묻자 장군들은 모두 "미쓰나리를 치는 것이 마땅합니다"라고 청원했다.

제20과 세키가하라 전투 2

이에 이에야스家康는 군대를 둘로 나누어 한 쪽은 이에야스가 직접 대장군이 되어 바닷길을 따라 나아갔고, 또 하나의 군대는 그의 아들 히데타다秀忠를 대장으로 하여 산길로 나아가도록 했다. 마침 사나다 마사유키真田昌幸가 그의 아들인 유키무라幸村와 함께 우에다성上田城에 있어 산길로 온 군사들에 대항하여 싸우고 있었기 때문에 산길로 가는 군대는 더 이상 나아가지 못한 채 사흘간 그곳에 머물러 있었다. 바닷길을 따라온 군대는 기요스清洲에 이르러 후쿠시마 마사노리福島正則와 만난 후 진격해 기후성岐阜城을 함락하고는 아카사카赤坂까지 와 진을 쳤다.

당시 미노美濃의 동쪽에 있는 군사들은 동군東軍에 속해 있었고, 미노의 서쪽은 서군西軍에 속해 있었기 때문에 이에야스가 아카사카에 이르자 동군 장수들은 서로 크게 기뻐하며 사기가 충천했다. 그러나 이에야스는 군사들에게 경계를 시키며 더 나아가 오우미近江로 들어가려는 형세가 되었다. 서군의 장수들도 군사 회의를 열었고 시마즈 요시히로島津義弘는 아카사카를 토벌해야 한다고 했지만, 미쓰나리三成는 많은 군사를 갖고 있었기 때문에 의견을 받아들이지 않고 평야에서 싸워 이에야스의 진격을 막으려는 계획을 세우고는 한밤중에 내리는 큰 비를 무릅쓰고 결국 오가키성大垣城을 출발하여 세키가하라가도関原街道에 진을 쳤다. 다음날 아침이 되자 양쪽 군사는 세키가라하에서 크게 전투를 벌였다. 서군의 기마병은 대략 12만 8천이었으며, 동군은 7만 5천이었다. 진시辰時*부터 미시未時*까지 수십 번 격전을 벌이고 동군이 여러 번 패하였으나 히데아키秀秋는 이전부터 동군과 내통을 하고 있는데다 마음이 양쪽사이에 끼여 전혀 도와주려 하지 않았기 때문에 동군에서 사람을 보내어 히데아키를 재촉하였다. 이에 히데아키는 군사 8천, 소총 사격조 6백을 이끌고 마쓰오산松尾山을 내려와 서군을 공격하였기에 동군은 그 기세에 힘입어 진격하였고 결국 서군이 크게 패하고 만다. 동군은 도망치는 자들을 쫓아 무수히 많은 수장들을 죽였기 때문에 들도, 산도, 도읍도 피로 낭자했다. 때는 게이쵸慶長 5(1600)년 9월 15일이었다. 이에야스는 이제 서군을 물리쳤기 때문에 열흘 만에 60여 개 지방 모두가 도쿠가와에게 복종하였다.

　미쓰나리는 도망을 쳐 이부키야마伊吹山에 숨었다가 이시바시무라石橋村에 이르러 이전부터 알고 있는 농가에 숨었다. 어떤 사람이 그 집에 와 "당신은 지부治部*를 숨겼는가?" 하고 물었다. 그러나 도쿠가와가 엄하게 물었기 때문에 어떻게 해도 숨길 방도가 없었다. "만약 밖에 알려진다면 당신도 또한 빠져나갈 수 없을 텐데." 말하는 것을 장지문障子 뒤에서 미쓰나리가 듣고 있었기 때문에, 그 농부를 향해 "나는 도망갈 수 있는 몸이 아니기에 당신은 속히 나가 일의 자초지종을 고하는 것이 좋겠소"라고 말하자 농부는 미쓰나리에게 도망칠 것을 권했다. 미쓰나리가 "나는 지금 병이 들어 잠시도 걸을 수가 없으니 결국 잡힐 터이기에 당신이 속히 자수를 하시오"라고 해 결국 농부는 이구치井口로 가 다나카 요시마사田中吉政에게 고하여 미쓰나리는 결국 요시마사의 손에 잡혀 고니시 유키나가小西行長와 함께 교토에서 참수를 당한다.

*지부(治部): 미쓰나리는 지부소포(治部少輔)[55] 직이었기에 미쓰나리를 지부라 불렀다.
*진시(辰時): 오전 8시 경이다.
*미시(未時): 오후 2시 경이다.

---

55) 종5품의 벼슬

제21과 파리

파리巴黎는 유럽 대륙에서 가장 큰 도시로 가구 수는 7만, 인구는 약 2백만이라고 한다. 런던倫敦을 세계의 상업 수도라고 한다면, 파리는 세계의 쾌락 수도라 해야 한다. 지구상의 여러 나라에서 많은 사람들이 파리로 모이는 것은 각자의 나라에는 이렇게 즐거운 곳이 없기에, 대부분은 모두 환락을 찾고 휴가를 즐기며, 또 각자가 번 돈을 재미있는 일에 쓰려고 하기 때문이다.

이 밖에도 파리와 런던이 상반되는 점이 두세 가지 있다. 런던의 가옥은 기와로 만들어졌지만 파리의 가옥은 아름다운 흰 돌로 만들어져 있다. 그리고 런던의 하늘은 늘 컴컴하고 어둡지만 파리의 하늘은 푸르고 청명하며 스모그로 더럽혀져 있지 않다. 또 대부분의 런던 거리는 좁고 추하지만 파리의 거리는 대체로 넓고 아름답다. 그리고 런던 사람들은 상업에만 종사하여 아침저녁으로 힘들어하며 앞날의 준비를 하지만, 파리 안의 가장 붐비는 곳에서는 각자의 쾌락만을 으뜸으로 치며 다른 일을 생각하지 않는 사람이 많다.

파리는 세느Seine 강을 중심으로 남북으로 나뉘어져 있어 북쪽 강기슭 토지는 3분의 2에 해당되며, 남쪽 강기슭 쪽은 3분의 1을 차지한다. 이 지역은 프랑스佛蘭西의 정중앙에 위치하는 것은 아니지만 프랑스 모든 육지로 통하는 근원일 뿐 아니라, 프랑스의 모든 계곡의 근원으로 이 나라의 큰 계곡은 모두 파리로 통한다. 따라서 나라 안의 모든 물자는 모두 파리에 모인다.

런던이 세계 큰 바닷길 중앙에 위치하여 세계 상업을 모두 관장하는 것과 같이, 파리는 유럽 대륙 길의 중앙에 위치하여 유럽 안에서 부유하고 호황을 누리는 나라들은 많지만 이 도시와 같은 곳은 존재하지 않는다. 파리는 런던과 약 2백50마일, 지중해와는 5백마일, 로마와는 7백50마일, 마드리드리와는 6백50마일, 콘스탄티노블과는 천3백 마일 떨어져 있다. 그렇기에 이 대도시들 중 런던과 콘스탄티노블을 제외한 다른 모든 철도는 파리로 통할 뿐 아니라 유럽 대륙의 유명 도시에서 파리로 가기 위해서는 모두 철도를 이용해야 한다.

파리는 프랑스의 정부 청사가 있는 곳이다. 외국의 전권 공사가 머무는 곳이다. 국내의 각 은행 본점이 있다. 또한 법률, 문학, 이학이 시작된 곳이기도 하다. 이 도시는 수많은 세상 변천의 역사와 격심한 전란이 일어난 적도 많지만 심하게 망가지지 않고 오늘날 이렇듯 번영한 도시가 되었다.

파리의 시가는 건축이 대단히 아름답고 수려하며 그 형태도 다양하기에 처음 이곳에 오는 사람은 너무 놀라 칭찬을 하지 않는 이가 없다. 이 도시에는 94개의 보루가 돌출한 석벽으로 둘러 싸여져 있고, 그 바깥쪽에는 깊은 해자와 넓은 군용 도로로 둘러 싸여 있는데, 파리의 주변 언덕 혹은 조금만 높은 곳이라면 견고한 성벽을 쌓는다. 이렇게 성벽으로 둘러싸인 것은 예부터 있었지만 지금의 성벽 보루의 모양과 같진 않았고 1814년에 이렇게 건축되었다.

파리에는 도시를 지나는 몇 마일에 이르는 폭이 넓은 큰 길이 있다. 이 큰 길 양쪽에 나무를 쭉 심어 놓았고, 아름다운 흰 돌로 쌓아 만든 높은 누각이 다른 집들과 나란히 서 있다. 그 누각의 높이는 7층 혹은 8층 정도이며 철물 장식을 주조하고, 오색의 화분을 심어 망루로 만들었다. 그리고 도시의 중앙을 통하는 큰길이 있다. 이 큰 길에는 두 바퀴, 네 바퀴 마차의 바퀴가 맞부딪히고, 보행하는 사람은 어깨가 서로 부딪힐 정도로 대단히 번화하다. 특히, 맑은 날 오후에는 쾌락을 찾는 남녀를 유혹하는 자가 끊임없이 왕래하고, 길 양쪽에 늘어서 있는 점포 또한 아름답고 화려하여 천태만상千態萬象이기에 유럽 대륙 안에서 이러한 곳을 찾아볼 수 없다.

그리고 파사쥬Passage라고 하는 유리 지붕으로 덮인 길이 있다. 그 양쪽에는 다양한 물건을 파는 화려한 점포가 쭉 이어져 있다. 이 파사쥬는 약 160갈래나 있어 파리의 볼거리 중 하나이다. 이 몇 마일 사이를 파리사람들과 외국인 불문하고 비가 아무리 많이 내리는 날이라도 비옷도 입지 않고도 유리 지붕이 덮인 아래를 거닐 수 있다. 그리고 거리 곳곳에 네모 반듯한 공터가 있고 그 사방에 활 모양의 복도를 깔아 그 가운데에는 꽃밭을 만들어 수목과 화분을 심어 두었다. 그리고 군데군데에는 대리석으로 만든 분수가 있는데 그곳에서 뿜어져 나오는 물기둥은 햇볕을 받아 반짝반짝 빛이 나 보는 사람의 마음을 상쾌하게 한다.

또한 세느 강변에 넓고 큰 부두가 몇 마일이나 이어져 있다. 이 부두는 파리의 상업을 번성시키기 위해 나폴레옹 1세가 운영하던 곳이었지만 이후 세느 강변의 상업이 점차 쇠퇴하여 육로인 철도로 그 장소가 바뀌었기 때문에, 오늘날 이 부두에는 여러 곳으로부터 배가 들어오지 않아 고서를 파는 노점만 많이 남았다. 하지만 그 강가는 여전히 아름다운 곳이기에 산책을 하기 에는 매우 좋다. 강의 경치도 장소에 따라서는 유난히 아름다워 보인다. 왜냐하면 이 강에 26개의 다리가 있으며 많은 다리는 돌로 만들어졌지만 풍류 있는 철교도 2~3개 있기 때문이다. 그리고 파리에는 꽃밭과 공원 등이 있는데 꽃밭도 공원도 런던에 비하면 약간 좁고 그 수도 적다.

파리에는 볼 것이 많은데 박물관도 그 중 하나이다. 파리에는 고고학, 박물학, 육군, 지리, 예술, 이학 등의 박물관이 있기에 학식이 있고 무엇인가를 사색하려는 사람은 박물관에 가 입장료를 내고 이를 관람하는 것이 좋다. 파리국립도서관에는 비치해둔 서적의 숫자가 박물관의 두 배로 거의 2백만 권이 있다. 따라서 이 도서관의 서가를 옆으로 이으면 거의 수십 마일에 이를 정도라고 한다. 그리고 도시 내에 사원, 궁전, 큰 시장, 병원, 학교, 극장, 큰 부대가 있고, 그 외에도 가옥들 중 하나도 아름답지 않은 것이 없다. 또한

파리 시가

파리의 만국박람회는 거대한 건축은 물론이거니와 그 길마다 넓고 얻는 것도 많기 때문에 세계적으로 그 명성이 자자하다.

　모든 시가의 거리, 공터, 큰 길이 뛰어나고, 사원, 궁전, 청사가 아름답고 화려하며, 사람들의 마차가 끊길 틈 없이 통행하는 등, 무엇이건 뒤지지 않는 것은 이 땅에 특별히 아름다운 것은 이 한 가지 때문이다. 이 한 가지란 무엇인가. 이슬이 없고, 구름이 없으며, 또 연기가 없이 항상 맑은 청명한 하늘 바로 이것이다.

제22과 도쿠가와 이에야스 전 1

도쿠가와 이에야스德川家康의 아버지는 마쓰다이라 히로타다松平広忠이며, 미카와 지역三河国의 오카자키성岡崎城의 영주였다. 이에야스는 덴몬天文 11(1542)년에 오카자키에서 태어났으며 그 아명을 다케치요竹千代라 불렀다. 당시 천하는 매우 혼란하여 용맹한 장수들이 사방으로 그 위세를 떨쳤는데, 오카자키와의 동쪽에는 이마카와 가문今川氏이 있었고, 서쪽으로는 오다 가문織田氏이 있었는데, 두 가문 모두 많은 토지를 소유해 그 세력이 엄청난 다이묘大名들이었고, 오카자키는 그 사이에 끼어 있고 토지도 좁은데다 세력도 미약해 무척 위태로워 보였다. 그 중에서도 오다 가문이 얼마 후 오카자키로 쳐들어 왔기 때문에 히로타다는 지금은 어쩔 수 없다며 다케치요를 이마가와 요시모토今川義元에게 인질로 보내고 지원병을 요청했다. 그렇지만 히로타다는 죽고 그 후 다케치요 이외에는 대를 이을 후사가 없었기에 요시모토가 직접 오카자키의 정사를 맡아했기 때문에 다케치요는 고향으로 돌아가지 못했다.

어느 해 단오날端午*에 다케치요가 아베가와라安倍河原에서 놀다 어린아이들의 돌싸움을 맞닥뜨리게 되었는데, 한 쪽은 150명이고 다른 한 쪽은 두 배나 되는 인원이 있었기 때문에 사람들은 인원이 많은 쪽에 붙었지만 다케치요만은 적은 쪽에 들어갔다. 이를 하인들이 이상히 여겨 "왜 그렇게 하십니까?" 하고 물었더니 다케치요가 말하길 "많은 쪽은 수가 많은 것을 믿기 때문에 질 것이고, 적은 쪽은 스스로 적음을 알기에 승리를 할 것이다"라고 했다. 과연 다케치요가 말하는 대로 되었다.

다케치요가 성장하여 성인元服이 되자 모토노부元信라고 했고, 지로사부로次郎三朗라고 칭했다. 후에 다시 모토야스元康라 이름을 고치고 구로우도蔵人를 붙여 불렀다. 모토노부라고 하는 이름도, 모토야스라고 하는 이름도 모두 요시모토의 이름에서 한 글자씩 받은 것이다. 이렇게 성인식*을 치른 후에도 고향으로 돌아갈 수가 없어 이마가와 곁에 있었지만, 요시모토가 오케자마桶狹間에서 패해 전사하였기에 그 후 겨우 오카자키로 돌아갈 수가 있었다. 이에야스는 6살에 고향을 떠나 14년 간 타국을 떠돌았기 때문에 오카자키 사람들은 그가 돌아온다는 소식을 듣고는 환영하지 않는 자는 없었고 서로 먼저 나가 기뻐하며 맞이했다.

그 후 이에야스는 노부나가信長와 화목하게 지내며 이마가와 우지자네今川氏真와 의절하여 이에야스로 개명을 한다. 그때 다케다 신겐武田信玄이 이에야스와 동맹을 맺고는 우지자네를 멸하기 위해 신겐은 재빨리 스루가駿河로 쳐들어가 우지자네를 쫓아냈기 때문에 우지자네는 도우토우미遠江로 도망가 가케가와성掛川城에 숨어들었다. 그러나 이에야스는 또한 맹렬히 공격을 했기에 우지자네는 막을 생각조차 하지 못하고 결국 강화를 요청했기에 이에야스는 그 청을 받아들여 우지자네를 호조 가문北条氏으로 보냈다. 도우토우미 일대를 이미 평정했기 때문에 이에야스는 이때부터 하마마츠浜松에 기거했고 그 위엄 있는 이름은 숨길 수 없을 정도로 만방에 떨쳤다. 이에 세상 사람들은 가이도海道 최고의 명장이라 칭하게 되었다. 이때부터 이에야스를 마쓰다이라松平라 부르지만 조정에 아뢰어 옛 성을 복원하여 도쿠가와德川라 부르기에 이른다.

그 후 이에야스는 신겐과 미카타하라三方原에서 전투를 벌여 대승하였고, 신겐은 죽었지만 가쓰요리勝頼가 그 뒤를 이어 또다시 대군을 일으켜 나가시노長篠로 쳐들어온다. 이에야스는 급히 노부나가의 도움을 얻어 결국 가쓰요리의 군사를 깨부순다. 가쓰요리는 한 번 더 노부나가와 이에야스 때문에 패배를 하고는 덴모쿠잔天目山에서 스스로 목숨을 끊어 결국 다케다 가문은 멸망했기 때문에 노부나가는 스루가 일대 지역을 이에야스에게 하사한다.

*단오날(端午): 5월 5일을 옛날에는 단오의 절구라 했다.
*성인식(元服): 관을 머리에 쓰는 의식으로 성인이 되는 축하연이다.

제23과 도쿠가와 이에야스 전 2

　노부나가信長는 그 세력이 점차 강해져 많은 지역들을 공격해 토지를 빼앗았지만 결국에는 아케치 미쓰히데明智光秀에게 죽임을 당했기 때문에 하시바 히데요시羽柴秀吉가 츄고쿠中国에서 그 군대를 되돌려 미쓰히데를 쳤다. 이리하여 히데요시秀吉의 세력이 강해졌고 누구든 이길 자가 없었고 노부나가의 자식인 노부오信夫와 노부타가信孝조차도 그 아래에 설 정도였기에 노부타카는 이에 분해하며 시바타 카쓰이에柴田勝家와 함께 히데요시를 공격해 죽이려 했지만 뜻대로 일이 되지 않아 오히려 목숨을 잃게 된다. 그리고 히데요시는 노부오도 제거하려 했기 때문에 노부오는 분노하여 히데요시와 의절하고는 이에야스家康에게 도움을 요청했다. 그러자, 이에야스가 말하길 "나는 노부나가에게서 받은 은혜가 적질 않다. 그러니 지금 그 자식의 이러한 위험을 그저 보고만 있을 수가 없구나"라며 고마키야마小牧山에서 히데요시와 전투를 벌인다. 이 전투는 거의 1년이라는 긴 시간에 걸쳐 치러졌고, 도쿠가와 가문德川氏은 번번이 이겨 1만 5천이나 되는 적의 목을 베었기 때문에 모든 지역의 다이묘들은 이를 전해 듣고 이에야스와 뜻을 통하며 지내는 자가 많았다. 히데요시는 이를 불편하게 여겨 갑자기 노부오에게 서

약서를 보내 항복하고는 서둘러 오사카大坂로 돌아갔다. 이에야스는 이 일을 듣고 노부오에게 사람을 보내 화의를 한 것을 축하했으며 직접 군대를 정비하여 오카자키岡崎로 돌아갔다.

그 후 히데요시는 직접 관백関白이 되어 누차 이에야스에게 화친을 요청했지만 이에야스는 전혀 받아들일 기색이 없었기에 히데요시는 여러모로 신경을 쓰다 결국에는 자신의 여동생을 이에야스의 아내로 주었고, 위문을 한다며 어머니까지도 보냈기 때문에 이에야스도 그가 그렇게까지 말하는 것을 듣지 않을래야 않을 수 없어 결국에는 화친을 받아들였고, 교토로 가 히데요시를 알현한다. 히데요시는 원래 비천한 태생이었기에 다이묘들이 진심으로 자신에게 복종하지 않는 자가 많아 늘 이를 우려해 왔던 터라 이렇게 이에야스의 방문이 좋은 기회가 될 것이라 생각해 모든 다이묘들을 슈라쿠노테이聚落の第56)로 초대했고, 이들 다이묘는 이에야스를 매우 공경하고 우러러 봤기 때문에 이 일을 계기로 모두 히데요시에게까지 예를 갖추게 되었다.

히데요시가 호조 우지마사北条氏政를 공격했을 때에도 이에야스는 이를 따랐고 호조가 멸망하자 히데요시는 관동関東의 8개 지역을 이에야스에게 맡겼는데 그 세금이 약 250만 7천 섬에 달했다고 한다. 그 이후로 이에야스는 에도江戸로 옮겨 저택을 짓고 시가지를 만들었으며, 도랑을 파 운송을 편리하게 만들었다. 또한 모든 제도를 새롭게 고치지 않고 호조 가문이 정한 대로 하여 오직 백성들의 번거로움을 덜려 했기 때문에 이를 기뻐하지 않는 백성이 없었다.

히데요시가 죽자 이에야스는 그 유언에 따라 마에다 토시이에前

---

56) 아즈치모모야마(安土桃山)시대에 도요토미 히데요시가 헤안쿄(平安京) 성터의 우치노(内野)에 세웠던 청사, 저택, 성곽

田利家 등과 함께 잠시 천하의 정사를 맡아 하기도 했지만, 세키가하라関が原 전투 후에는 천하가 모두 도쿠가와 가문으로 귀속되었다. 때문에 이에야스는 마침내 정이대장군征夷大將軍이 되어 우대신右大臣으로 승격했으며, 준나인淳和院57)과 쇼가쿠인奬学院58)의 별당別当59) 및 겐지源氏의 장자長者60)로 보임된다. 그 후 2년이 지나 관직을 내려놓자 천황의 명으로

도쿠가와 이에야스

그 자식인 히데타다秀忠로 하여금 관직을 잇게 하고 정이대장군으로 하였다. 이때부터 이에야스는 에도를 떠나 순푸성駿府城에 기거하게 된다. 그리고 이후 오사카전투大坂の戦에서 도요토미 가문이 멸망해 국내의 일들은 더욱 도쿠가와의 뜻대로 되었다.

이듬해인 겐나元和 2(1617)년 4월 17일, 이에야스는 75세의 일기로 세상을 떠나 구노잔久能山에 묻힌다. 후에 니코산日光山에 이장할 때 조정으로부터 정1품 태정대신太政大臣을 직과 함께 도쇼다이곤겐東照大権現이라는 시호諡号도 함께 받아 신사에 모셔졌으며, 나중에는 황족의 칭호宮号를 받는다. 이가 바로 도쿠가와 막부幕府의 선조이다.

---

57) 준나(淳和)천황의 이궁

58) 헤이안 대학별조의 하나. 대학별조란 헤이안시대의 귀족들의 교육기관이다.

59) 관리(官司)들의 직무 전체를 총괄 감독하는 지위

60) 겐지 일족의 장자. 겐지 중에서 가장 지위가 높은 자로 제사, 소집, 재판 등의 모든 권리를 갖는다.

제24과 도쿠가와 이에야스의 행장

　도쿠가와 이에야스徳川家康가 오카자키岡崎에 있을 때, 귀한 손님에게 접대하려고 이전부터 도미 몇 마리를 기르고 있었다. 그러던 어느 날 천황을 모시던 신하 스즈키鈴木 아무개가 요리담당자에게 그 도미를 요리하도록 하여 이를 동료들과 함께 먹었다. 얼마 지나 이에야스는 도미 한 마리가 없어진 것을 알고 그 까닭을 물었더니 요리사가 이 사실을 상세히 고했다. 이에야스는 이를 듣고 크게 격노하여 스즈키를 불러 목을 베고자 긴 칼薙刀을 들고는 침대머리 맡에 섰다. 스즈키는 이를 보고 안색 하나 변하지 않고 조용히 호신용칼佩刀을 풀어 이를 땅바닥에 던지며 눈을 크게 뜨고는 조심스럽게 말하길 "공은 사람을 가벼이 여기고 물고기와 새를 중히 여기십니다. 그러시다면 천하를 얻기란 심히 어렵지 않겠사옵니까?"라고 했다. 이에야스는 즉시 칼을 던지고 안으로 들어갔고 바로 스즈키를 불러 사과하며 말하길 "네가 말하는 것이 무엇인지 잘 알겠다. 요즘 내 무사들이 금지시킨 일을 하여 물고기와 새를 잡았기에 이를 벌하려 했지만, 지금 너의 충심을 알게 되었으니 특별히 너희들을 용서 하겠다"라고 했다. 스즈키는 감동하여 눈물 흘리며 말하길 "공이 저의 직언을 받아들여 주시는 것은 나라의 복된 일입니

다"라고 했다. 이에야스는 이렇듯 간언을 받아들이고 잘 따랐다고
한다.

그리고 이에야스가 하마마쓰浜松에 있을 때 한 무사가 와 알현을
하면서 품속의 봉서*를 꺼내어 이를 올렸다. 때마침 혼다 마사노
부本多正信가 곁에서 대기하고 있었기에 마사노부에게 이를 읽게 하
고는 매 조항마다 "좋구나"라고 했다. 다 읽고는 그 사람에게 말하
길 "앞으로 또 볼 일이 있다면 두려워하지 말고 이를 나에게 말해
야 한다"라고 했다. 그 사람은 머리를 조아리며 물러났다. 그러는
와중에 마사노부가 말하길 "그가 하는 말 중 어느 것 하나 받아들
일 만한 것이 없사옵니다. 그런데도 공이 이를 좋다고 칭찬하는 연
유는 무엇이옵니까?"라고 물었다. 이에야스가 말하길 "그가 말하
는 바에 무엇이 있다면 이를 받아들여 사용할 것이고, 아니라면 이
를 취하지 않으면 될 뿐이다. 무릇 사람은 스스로 과실을 아는 자
가 극히 드물다. 무사는 친구들과 교제하기에 그 과오를 알기 쉽지
만 군주는 아침저녁으로 오로지 신하만 접하기 때문에 신하는 늘
군주의 아름다움만을 말하고 그 나쁨을 말하는 것을 두려워한다.
그러니 그 과오를 알기 어렵다. 자칫하여 그 과오를 알지 못한다면
무엇으로 이를 고칠 수 있겠는가. 예부터 주군에게 간언하기를 거
부하여 집과 나라를 전복시키는 자 적지 않았다. 그래서 나는 그의
뜻을 칭찬 하는 것뿐이다"라고 했다.

이에야스는 사람으로서 예의가 바르고 겸손하길 항상 처음과 같
았다. 이미 정이대장군征夷大將軍으로 추대 된 이후에도 오케하자마
桶狹間를 지날 때마다 반드시 말에서 내렸다고 한다. 그곳은 이마가
와 요시모토今川義元가 전사한 곳이었기 때문이다. 그리고 다케다
신겐武田信玄의 여자인 겐쇼인見性院을 만나게 되면 반드시 자리에서
내려와 예를 갖추었다고 한다. 예의바르고 겸손하여 예를 중히 여

기는 바가 이와 같았다.

이와부치야화岩淵夜話에서

*봉서(封書): 타인에게 보이지 않도록 봉한 상서를 가리킴.

제25과 프랑스의 공업

천연 산물에 사람이 가공을 다양하게 하여 그 모양을 바꾸는 것을 공업이라 하고, 생산품을 만드는 곳에서 수요하는 장소로 가지고 가는 것을 상업이라 칭한다. 그러므로 공업과 상업이라는 것은 서로 협력하는 것으로 어느 한 쪽이 잘 되지 않으면 다른 한 쪽도 번성할 수가 없다. 이러한 점은 명심해 지켜보아야 할 사항들이다.

유럽에서 공업이 가장 발달한 것은 프랑스이다. 이 땅은 유럽 안에서 가장 길이 잘 통하는 중앙에 자리 잡고 있기 때문에 모든 화물이 동서로부터 모이며 이는 마치 강물이 바다로 흘러가는 것과 같다. 국내(프랑스)에는 들판도 많지만 동과 남이 산맥으로 이어져 험준한 곳도 적지 않다. 그러나 도로 건설이 잘 되어 있어 국도는 20여 개이며 길이는 2만 4천 마일, 지방도는 90여 개로 2만 4천 마일이 넘게 있는데도 모두 정부에서 관리한다고 한다. 또한 군도와 시도는 해당 지역에서 규칙을 만들어 수리하고 복원한다. 특히 철도는 전국에 부설하여 그 길이는 1만 7천 마일이나 된다. 그리고 강의 지류가 많기는 하지만 길이가 긴 것은 매우 적다. 세느 강은 430마일, 론Rhone 강은 490마일, 로루아르Loire 강은 570마일이다. 그 외에도 배가 다니는 강이 많은데다 편의성을 더욱 높이기 위해 곳곳에 운하를 뚫었다. 그 운하의 길이를 합치면 2천 3백여 마일에 달한다고 한다. 그렇기에 프랑스에서 수상 운송의 편리성은 다른 나라 사람들이 부러워하는 점이자 공업이 해를 거듭할수록 번영하는 이유라 할 수 있다.

프랑스의 제조품은 모두 정교하며 격조 있는 멋이 있어 세상 사람들 중 아끼고 좋아하지 않는 사람이 없다고 할 정도이다. 그러다 보니 유럽에서 유행하는 물건은 모두 프랑스에서 시작된다고 한다. 그 중에서 고블랭Gobelins이라고 부르는 모포와 세브르Sable의 도기는 둘 다 손에 넣기 어려운 진귀한 보배로 이를 프랑스의 2대 일품이라 한다. 세브르라고 하는 것은 작은 마을의 이름으로 그 지역의 제조소에서 만들어내기 때문에 세브르라고 부른다. 이 세브르는 사람들이 경쟁하듯 귀하게 여기는데 그 이유는 유럽의 도기 중에서도 가장 정교한 것이기 때문이다. 이러하다보니 밥그릇 한 개조차도 값이 40달러에 달하는 것이 있다. 또한 한 해에 만들어내는 도기의 값은 대략 90만 달러 남짓이며 순이익이 28만 달러 정도이다. 그러나 이 도기는 프랑스의 공산품 중에서도 나라의 명예를 드높이는 고귀한 보배와 같은 것이기에 이익의 유무를 떠나 특별히 정부에서 관리를 한다.

그리고 고블랭의 제조소도 정부가 관리하는 곳으로 세느 강의 북쪽 해안에 건설되어 있다. 고블랭이란 양모 실로 짜 만든 문양이 있는 비단의 명칭으로 그 직물 문양에 다양한 유화 그림과 같은 문양을 짜 만들었다. 왕족이나 귀족 등의 귀인 또는 부호의 집에서는 이를 액자에 넣거나 혹은 벽 등에 장식했다. 조금 거리를 두고 이 액자를 보면 진짜 유화를 보는 것처럼 정교하고 아름다워 직물 중에서도 일품이라 할 만하다. 이렇듯 빼어나기 때문에 한 폭의 모포를 짜는 데 2~3년이 걸리지 않으면 만들 수 없다. 그러니 그 값도

한 폭에 10만 달러, 혹은 20만 달러에 이르는 것도 있다. 실로 놀라지 않을 수 없다.

양모의 직물은 우리나라(일본)에서도 유명한 산물로 영국 산처럼 정교하지는 않지만 유행에 따라 짜기 때문에 그 수요가 매우 많아 1년에 약 3억 2천만 파운드의 양모를 짜 만든다고 한다. 면직물도 유럽 안에서는 1등을 차지하고 있지만 알자스Alsace 땅을 독일에게 빼앗긴 후부터는 다소 그 명성이 떨어졌다. 삼베 방직은 서북부에 많고 칼레Calais의 레이스Lace도 유명하다. 그 밖에도 금, 은, 동의 세공, 보석 세공, 시계, 유리 거울, 화장 도구, 학술용 기계에 이르기까지 무엇이건 정교하지 않은 것이 없다. 또한 조각이나 유화도 이탈리아에 뒤지지 않는다. 솜씨가 좋아 선박 제조, 총포 주조, 가옥 건축, 교량 공사 등도 영국인 아래에 있다고는 느낄 수 없다. 그러므로 전국의 인구 3천8백만 명 중에서 3분의 1은 공업에 종사하는 사람이며, 남녀를 모두 합치면 약 천 9백10만 명이 된다고 한다. 이렇듯 공업이 번성하기에 세상 사람들은 파리를 일컬어 세계 공산품의 시장이라 부르게 된 것이다.

프랑스의 공업이 이렇게 번성하게 된 것은 하루아침에 이루어진 일이 아니다. 지금 그 이유를 말하자면, 어느 나라에서건 직공의 삶은 딱하게도 가난하여 하루만 때우면 된다는 생각을 할 정도이기에 지식을 배우고 자손을 양육하는 등의 일은 생각도 못하는 사람이 많다. 하지만 프랑스에서는 지식을 배우게 하기 위해 파리에 콩세르바트와르Conservatoire[61]가 상설 박람회를 열어 농공업 기계를 모두 모아두고 학자學士들에게 제반 기술과 기예 강의를 하게 하여 직공의 삶을 개선하고자 하였으며, 직공 거리 설치법을 제정해 자손이 가업

---

61) 파리의 예술학교. 현재는 음악학교로 유명하다.

을 이어갈 수 있는 토대를 마련할 수 있도록 하였다. 이 법은 나폴레옹 3세가 제정한 것으로, 파리의 뷔트 쇼몽Butte Chaumont이라고 하는 공원 주변에 늘어서 있는 직공 거리는 이 때문에 만들어진 것이다. 이 법은 회사, 제조자 등으로 하여금 그 직공의 대를 이어 할 수 있도록 하기 위해 우선 불모지를 골라 제조소를 세웠다. 당시에는 근처 거리를 나누어 양쪽에 공동 주택을 많이 만들어 이를 직공에게 빌려주어 집세를 받고 주거하게 하였으며, 임금에서 조금씩 돈을 빼 적립해두었다 몇 년 후에 이 돈이 모이면 한 집의 주인이 되게끔 하였다. 그러므로 처음에는 여우나 너구리가 살만한 황야였지만, 점차 개발되어 공동 주택에 살던 직공이 한 집의 주인이 될 무렵에는 이미 번화한 하나의 시가가 되었다. 이 법이 한 번 시행되자 직공의 삶은 크게 개선되었다고 한다. 이렇듯 정부에서 공업에 매우 공을 들였기에 결국에는 유럽 제1의 공업지가 되었던 것이다.

제26과 전기

지금으로부터 2천 500여 년 전, 고대 그리스의 철학자인 탈레스 Thales라고 하는 사람은 호박琥珀[62])을 비단으로 문지르면 깃털이나 지푸라기와 같이 가벼운 물체를 끌어당기는 힘이 있다는 사실을 발견했다. 그로부터 600여 년이 흘러 로마의 플리니Pliny라고 하는 사람이 펴낸 저서[63])에 손가락의 마찰이 열과 생명을 호박에 주면 호박은 자석이 철을 끌어당기는 것처럼 바로 지푸라기 등을 끌어 당기는 힘이 생긴다는 사실의 내용을 기술했다.

옛 사람들이 호박에 대해 알게 된 것은 이뿐만이 아니다. 지금으로부터 약 300여 년 전에 영국의 여왕 엘리자베스Elizabeth의 주치의 길버트Gilbert는 호박의 성질에 주목하여 다양한 실험을 했다. 그 결과 이러한 성질을 갖는 것은 호박뿐이 아니라 유황, 납, 수정 등도 플란넬Flannel[64])이나 고양이 가죽으로 문지르면 가벼운 것을 끌어당

---

62) 지질시대의 나무의 송진 등이 땅속에 파묻혀서 수소, 산소, 탄소 등과 결합하여 돌처럼 굳어진 광물로 대개 누른빛을 띠고, 윤이 나며 투명하다.

63) 로마시대의 박물학자이자 군인·정치가인 플리니우스가 1077년에 쓴 37권의 『박물지 (*Historia naturalis*)』라는 백과사전과 같은 책이다.

64) 면, 양모, 레이온을 섞어 짜 낸 옷감

기는 힘이 있다는 사실을 발견하였다. 이 끌어당기는 힘을 일렉, 즉 전기라 부른다.

우리들이 지금 수정 혹은 봉랍[65]으로 만든 막대를 손에 쥐고 플란넬, 고양이 가죽 등으로 이를 문지른 다음 담배 가루 위에 그 막대를 갖다 대면 가루는 바로 날아와 막대에 달라붙는다. 이를 어두운 곳에서 보면 불꽃이 일어나는 경우도 있다. 지금 우리들 중 한 사람이 수정으로 만든 대 위에 올라서 있고 다른 한 사람은 바닥 위에 서 고양이 가죽으로 그 사람의 머리 위를 몇 번 두드린 후에 주먹을 코 주변에 갖다 대면 주먹과 코 사이에 바로 불꽃이 생긴다. 이 불꽃의 모습은 마치 번개와 같다.

호랑이처럼 용맹하고, 코끼리와 같이 거대한 동물이라도 그 성질을 잘 안다면 이를 길들여 자유자재로 부릴 수 있다. 전기와 같은 것도 마찬가지이다. 그 성질을 잘 연구하여 이에 익숙해진다면 필시 여러 큰 일을 해 낼 수 있다. 그 예를 들자면, 수천 리의 길을 순식간에 달리는 파발꾼도 되고, 차를 운전하는 운전수도 되며, 수백 리 밖의 사람과 이야기를 나눌 수 있는 입도 되고, 밤길을 대낮과 같이 밝혀줄 태양도 되는 것이 바로 이것이다.

전기는 이렇게 유용한 것이지만 두려워해야 할 점은 때때로 구름 사이에 겹겹이 쌓여 번개가 되어 떨어져 나무를 꺾거나 집을 태워 사람을 죽이는 등의 일을 하기도 한다. 그렇지만 지금은 이를 막는 방법을 스스로 갖추었기 때문에 특별히 걱정할 일은 아니다.

전기에는 두 가지 작용이 있어 이를 양전기, 음전기라고 한다. 음전기는 양전기를 일으키고, 양전기는 음전기를 일으켜 상호 보완한다. 그때에 불꽃이 생기고 소리 울림을 발생시킨다. 만약 이것

---

65) 편지, 포장물, 병 따위를 봉하여 붙이는 데에 쓰는 수지질(樹脂質)의 혼합물

이 공기 상층에서 일어나면 그 불꽃을 번개라 하고, 그 울림을 천둥이라 부르는 것이다. 천둥과 번개에 대해서는 이 밖에도 배울 것이 많다. 다음 과에 이를 기술할 것이다.

제27과 번개

　번개란 전기가 구름에서 구름으로 전달되거나, 또는 구름에서 땅으로 떨어질 때 나오는 섬광을 가리킨다. 구름 사이를 통과하는 전기는 원래 사람과 가축에게 해가 없다고 하지만 지상에 떨어지는 전기는 그 해가 적지 않다. 그것은 전기가 통하는 길에 수목, 가옥, 사람과 가축 등이 있으면 재빨리 그것들에게 전달되어 땅에 도달하려 하지 않기 때문이다. 그래서 전기를 자유자재로 전달할 수 있는 물질을 전기의 양도체良導體라 하고, 이에 반대되는 것을 불량도체不良導體라 한다. 금속, 물 등은 양도체이고 목재, 유리, 공기 등은 불량도체이다.

　크고 높은 건물에는 미리 낙뢰의 재앙을 막기 위해 금속제의 가는 기둥을 옥상에 세워두는 곳이 많다. 이를 피뢰침이라 한다. 피뢰침은 그 심지를 땅속 깊이 박아두고 그 끝은 뾰족하게 해 옥상보다 몇 미터 높게 두는 것이 일반적이다. 그러므로 피뢰침을 세운 집이 낙뢰의 피해를 입지 않으려면 피뢰침은 바로 전기를 지하로 통하는 매개로 해야 한다.

　번개와 천둥이 동시에 울리는 것을 특히 두려워해야 한다. 그러니까 번개를 보고 시간이 지나 천둥소리가 들릴 때는 그 소리가 매우 요란하더라도 위험한 일은 없다. 하지만 천둥소리가 머리 위에서 울릴 때 나무 아래에 서 있는 것은 매우 위험하기 때문에 반드시 12~18자(3.6~5.5m) 정도 떨어져 있는 것이 좋다. 만약 다른 곳에 나무가 없고 단 한 그루만 있다면 더욱 더 멀리 떨어져야 할 것이다. 게다가 가지가 늘어져 땅에 있는 물체와 닿아 있다면 한층 전기가 통하기 쉽기 때문에 특별히 주의해야 한다. 두말할 것 없이 사람의 몸은 나무보다 더욱 전기가 잘 전달되는 것이니 말이다.

천둥을 무서워하는 사람들은 벼락을 동반한 비가 내릴 때 창문을 여는 이도, 닫는 이도 있지만 이 모두 소용이 없고, 2층, 3층 어느 곳도 안전하지 않으며, 오로지 가장 낮은 층의 넓은 곳의 가운데 앉아 있는 것이 가장 안전하다. 또한 뇌우雷雨 때에 금속과 가까이 있는 것은 특히 위험하다. 어느 마을에서 뇌우 시에는 반드시 경종을 울리는 습관이 있었는데, 어느 날 두 사람의 건장한 농부가 뇌우 때문에 종을 울렸지만 두 사람은 모두 순식간에 번개에 맞아 즉사 한 일이 있었다고 한다.

전기에 맞았을 때에는 신속히 머리 위에 냉수를 부으면 생명을 건질 수가 있다. 만약 그 손발이 이미 마비되었을 때에는 전신을 냉수 속에 담가야 한다. 또한 전기가 사람의 몸을 통과했는지를 알기 위해서는 그 유해를 검사해야 한다. 즉, 전기가 통한 곳은 그 살이 반드시 진한 청색으로 변하기 때문이다.

제28과 프랭클린 전

미국 합중국의 독립에 크게 기여한 사람의 성은 프랭클린Franklin, 이름은 벤자민Benjamin이라 부른다. 1706년 보스톤에서 태어났으며 가난한 양초 가게의 아들이었다. 어릴 적 인쇄업을 배워 17세가 되자 집을 떠나 필라델피아로 가 자력으로 생업에 종사하며 살았다.

프랭클린은 처음에는 같은 또래의 한 소년과 함께 자본도 하나 없이 장사를 시작했다. 그러니까 길거리에서 한 친구를 만났는데, 그 친구가 프랭클린에게 5실링의 급료를 얻을 만한 일을 알려 주었기에 간신히 입에 풀칠을 할 방도를 찾았던 것이다. 그 뒤에 그 소년과 힘을 합쳐 '리처드Richard의 가난한 달력'이라는 제목의 책을 발행했고 이것이 세상에 크게 유행한다. 이후 램프, 먹물, 비누, 오리털, 커피와 같은 잡화를 판매했다.

프랭클린은 학술의 대가로 특히 전기에 대해 능통했기 때문에 번개와 전기는 동일하다는 가설을 세워 이를 잡지에 실었는데 사람들은 이를 황당한 논리라며 일축했다. 이에 프랭클린은 가설을 증명하고자 비단 천으로 만든 커다란 연에 뾰족하고 가는 금속 조각을 뼈대에 붙이고는 벼락이 떨어지는 날만을 기다렸다가 연을 날렸다.

이리하여 번개가 떨어지고 천둥이 치자 전기는 연의 실을 통해 전해져 내려왔다. 그 실에 달려 있는 금속에 손을 대자 금속에서 불꽃이 튀며 손가락으로 전해 내려왔기 때문에 이렇게 하여 전기라는 사실을 증명할 수 있었다. 여기에서 오늘날 세상의 일반인들이 사용하는 피뢰침을 만들게 되었기 때문에 플랭클린이라는 이름은 미국뿐 아니라 멀리 유럽까지 알려지게 되었다고 한다.

그 후 프랭클린은 공무로 영국에 사신으로 건너 가 프랑스 혁명이 일어날 때까지 그 국가에 머물렀다. 이윽고 본국으로 돌아와 독립선언문의 초안을 만들어 이에 다른 이들과 함께 서명하였다. 이어 사명을 띠고는 프랑스에 가 그 나라와 협약을 맺는 일을 도와 협약이 이루어졌는데, 이는 미국의 독립을 매우 견고한 것으로 만들었다.

프랭클린은 명민하고 의지가 강했으며, 공평하고 의로워 국가의 일이라면 크고 작음을 불문하고 도맡아 했기에 모르는 사람이 없었다. 또한 어진 정치와 좋은 법을 만들고 시행하여 당시 이를 따라갈 자가 없었다고 한다. 필라델피아에 '노예 매매 공격회'라고 하는 한 회사를 세운 후 그 대표가 되어 노예폐지안을 국회에 제출하기에 이르렀고 그 서안에 서명했다. 이것이 바로 대중을 위해 힘썼던 그의 마지막 업무였다.

프랭클린은 84세의 고령이 되는 서기 1790년에 서거하였다. 그 부음을 듣고는 전국에 애도를 하지 않은 사람이 없을 정도였다. 당시 프랑스의 국회의장인 미라보Mirabeau라는 사람은 프랑스 국회에 건의하여 프랑스에서도 2~3일간 소매에 검은 천을 둘러 조의를 표하자고 했고 그것이 채택되었다고 한다.

제29과 직업의 선택

우리들이 지금 설명하고자 하는 것은 각 개인이 농부가 되거나 혹은 장인이 되거나, 혹은 상인이 되려고 각기 직업을 선택하는 데 있어 소홀함이 없도록 하기 위함이다. 적어도 한 업종의 일을 골라 그 일을 영위하려면 우선 세상에 나와 직업이 같은 사람이 얼마나 있는가, 그리고 내 직업에 대한 수요가 얼마나 있는가를 생각해야만 한다. 만약 같은 업종에서 나와 경쟁하는 사람이 많고 수요가 적을 때에는 방향을 다른 곳을 바꾸어야 한다. 이미 한 가지 직업을 정했다면 마음을 다해 노력하고 다른 사람이 하기 힘들어 하는 일이라도 조금도 주저하지 말라. 어떠한 경쟁에든 노력에 당할 자가 없는 법이다.

사람이 사회에 나가 생계를 영위하기 위한 열쇠로 직업의 선택보다 더 중요한 것은 없다. 곡물의 수확기에 농부가 적다면 논밭을 소유하고 있는 사람들은 사방으로 분주하게 움직여 이들을 고용해야만 한다. 이를 가리켜 노동력의 공급은 적고 그 수요가 많다고 하는 것이다. 이럴 때에는 농부들은 경쟁을 하지 않고 논밭의 소유주들만 서로 경쟁을 한다. 따라서 소유주는 과분한 임금을 내서라도 농부를 고용하지 않을 수 없게 된다. 이와는 반대로 농부가 많고 노역을 수요하는 사람이 적을 때에는 임금의 하락이 필연적 결과이다.

직업을 선택하는 데 있어 오직 같은 업종의 경쟁자가 적은 것만 선택하면 어떻게든 되리라고 생각하겠지만 그 외에도 생각해야 할 것이 있다. 바로 자신의 직업이 세상 사람들에게 수요가 많은지 적은지 라고 하는 점이다. 이는 여름날에 난로를 팔고, 겨울날에 부채를 파는 것과 같은 일로 이렇게 장사를 하는 것은 어리석기 짝이 없다고 할 수 밖에 없다. 또한 직업은 나의 역량, 기호에 맞는 것인지 아닌지를 생각해야만 한다. 일반적으로 어떠한 직업에든 그 좋아하는 곳에서 뛰어난 힘을 발휘하는 것은 당연한 이치이다. 속담에 '좋아해야 잘 할 수 있다'라고 하는 것은 이와 같은 것을 뜻한다.

그러므로 직업을 선택할 때에는 같은 업종의 경쟁은 적고, 수요가 많으며 또한 자신이 좋아하고 역량에 맞는지를 보고 정해야 하는 것이다. 이렇게 한 후 분발하고 힘을 쏟을 때에 그 어떤 직업이라도 반드시 번창하게 마련이다.

제30과 이시다 미쓰나리 전

이시다 미쓰나리石田三成는 오우미近江 출신으로 아명을 사키치佐吉라 불렀다. 처음에 서경書經을 간논지観音寺에서 배웠는데, 하루는 하시바 히데요시羽柴秀吉66)가 근교에 매사냥을 하다 목이 말라 무언가가 마시고 싶어 졌다. 이에 간논지로 들어가 차를 내달라고 요청했더니 사키치는 곧바로 커다란 그릇에 미온의 차를 따라 7~8할을 채워 올렸다. 히데요시는 한 입에 이를 들이 마시고는 또 한 그릇을 청했다. 사키치가 바로 절반을 떠와 조금만 데워 올렸다. 히데요시가 다 마시고는 다시금 청했더니 사키치는 더욱 진한 차를 작은 잔에 담아 무척 뜨겁게 하여 이를 올렸다. 히데요시는 그 영리함을 보고 그 자리에서 스님에게 청하여 그를 데리고 와 시중으로 삼았다. 그때 사키치의 나이는 13살이었다.

이때부터 사키치는 히데요시의 바로 옆에서 시중을 들었고 한 가지라도 그의 마음에 들지 않는 것이 없었다. 어느 날 사키치는 히데요시에게 우치가와宇治川와 요도가와淀川의 두 강의 기슭에서 나는 싸릿대를 자신에게 내려주십사 청했다. 히데요시는 그 청을

---

66) 도요토미 히데요시를 가리킨다.

기이하다고 여기면서도 이를 허락했고, 사키치는 크게 기뻐하며 매월의 세금을 책정하여 거두어들였다. 이후 히데요시는 군사 출병식을 거행하는데 깃발과 마표 중 이전에는 보지 못하던 것이 눈에 띄어 사람을 시켜 알아보았더니 바로 사키치였다. 히데요시는 사키치의 출중한 재간을 간파하고는 모두를 제치고 그를 발탁하였다.

히데요시가 관백關白의 자리에 올라 수행직을 골라야 했는데 이에 사키치를 발탁하여 그 한 사람으로 삼아 지부노쇼治部少輔67) 자리를 맡겼다. 그 이전에는 그의 이름을 무네나리宗成라고 불렀지만 이때 개명하여 미쓰나리三成라 부르게 되었다. 이후 결국 사와야마佐和山의 성주가 되었고 녹봉 18만 6천 섬을 받았다.

히데요시가 죽음을 맞이하면서 도쿠가와 이에야스德川家康를 불러 뒷일을 맡겼고, 그리고 미쓰나리와 마스다 나가모리增田長盛도 불러 이 일에 대해 말했다. 두 사람이 간언하길, "전하가 백번을 싸워 천하를 얻고 하루 만에 이를 다른 이에게 넘겨주는 것은 무엇이란 말입니까? 지금 천하의 용장 중 전하의 은혜를 입지 않은 자는 누구도 없습니다. 계승자를 보좌하기 위해 어떤 어려움도 견딜 수 있습니다"라고 했다. 그러나 히데요시는 듣지 않고 로쇼쿠老職라는 다섯 자리를 두고 이에야스를 그 장으로 삼았다. 이때부터 미쓰나리 등이 이에야스의 권력을 암투하였고 결국 세키가하라關が原 전투에서 패하여 목숨을 잃었던 것이다.

미쓰나리는 자신의 힘을 정확히 알지 못해 도쿠가와 이에야스에 대항하여 패자가 되었기에, 후세에 그의 과오를 꼬집어 비난하며

---

67) 호적, 의례 전반을 관할하고 소송이나 외국 사절 접대 등의 일을 관장하는 지부쇼(治部省)의 차관이 2사람 중 하위자를 뜻한다. 종5품에 해당하는 직위이다.

배척하기만 했는데, 이는 도쿠가와 가문의 성세盛世가 이어지면서 치적만을 강조하기 위해 미쓰나리의 나쁜 점만 들춰내고 좋은 점은 말하지 않았기 때문일 것이다. 미쓰나리가 과거에 금전에 관해 말하길, "무릇 녹봉이란 너무 과하게 받아서도 적게 받아서도 아니 된다. 모아서 한 번에 아주 잘 써야 하는 법이다"라고 했다. 그리고는 평생 동안 재물을 아끼지 않고 각처의 무사를 불러 모으는 데 썼기 때문에 시마 사콘島左近, 가모 요리사토蒲生備中, 마이효고舞兵庫, 쓰치다 시노노메土田東雲와 같은 세상에 알려진 용맹스러운 무사들이 기꺼이 미쓰나리와 함께 세키가하라 전투에 참여하였고, 그곳에서 죽음을 맞이했다. 또한 미쓰나리는 호쾌하고 담대하여 죽음에 임할 때까지 조금도 적당히 하는 법이 없었다. 세키가하라 전투에서 패하여 다나카 요시마사田中吉政의 손에 잡히자, 요시마사는 옛 정으로 그를 극진히 대우하며 음식을 권했지만 미쓰나리는 속히 죽기를 원하여 아무 것도 입에 대지 않았다. 여러 차례 음을 권하자 요즘 속이 좋지 않다며 죽을 달라하여 이것만 먹었을 따름이다. 그 형장에 가는 도중에 경비하는 자에게 갈증을 해소하고자 하니 따뜻한 물 한 잔을 달라하기에 근처에 따뜻한 물을 구할 수 있는 곳이 없었기에 곶감을 구해 와 갈증을 달래보라며 내밀었지만 "나는 담이 끼는 지병이 있어 감은 금기요"라고 말하며 결국 먹지 않았다고 한다. 이는 그의 지조를 보기에는 충분한 일화다.

제31과 베를린

　게르만 제국의 수도인 베를린Berlin은 슈프레Spree 강변에 위치한다. 슈프리강은 엘베Elbe 강 지류인 하벨Havel 강으로 흘러가는 작은 강이다. 베를린은 모래와 자갈이 많은 평원으로 건조한 땅이기 때문에 늘 먼지가 많다. 그리고 그 땅은 평탄하고 마치 숫돌 같아 그 물을 흘려보내기가 매우 힘들다. 베를린은 중세 무렵까지는 겨우 한 작은 촌락에 지나지 않아 주민은 슈프레 강의 섬으로 나가 어업만으로 생활을 꾸렸으나, 국왕 프레드릭Frederick 대왕이 서거할 무렵부터 도시 내 인구가 크게 증가하여 15만 5천 명이 되더니 점차 증가하여 오늘날에는 백만 가까이 되었다고 한다.

　베를린의 기후는 추위와 더위 모두 혹독하다. 건조하고 마른 토지가 온열을 반사하기 때문에 여름 더위는 심하고, 한랭한 동북풍이 북극해에서 도시로 불어오지만 이를 막아줄 산맥조차 없어 겨울 추위 또한 매우 심하다. 베를린의 토지와 기후는 이렇게 좋지 않지만, 오늘날 대륙의 도시 중에서 가장 아름답고 넓은 도시가 된 것은 오로지 주민의 정성과 인내로 인한 것이다. 그리고 베를린은 유럽 대륙을 거쳐 사방으로 갈라지는 철도의 중심지이기 때문에 최근에 갑자기 부유해지면서 인구 또한 늘어, 오늘날에는 5백 개의 거리, 40개의 작은 공원, 30개의 교량이 있다.

도시 안에서 가장 넓고 아름다운 거리를 운터 덴 린덴Unter den linden이라 부른다. 이 거리는 일반 거리를 다섯 개나 늘어놓은 것만큼 넓고, 보리수, 밤나무, 백양나무, 아카시아, 파초 등을 네 줄로 심어 놓았으며, 이 수목들이 늘어서 있는 사이에 네 갈래의 도로가 있다. 그러나 이 네 갈래의 도로 중 두 도로는 마차 통행을 위한 것이고 다른 두 도로는 기사들의 통행을 위한 것이며, 중앙의 한 도로는 폭이 넓고 나무 그늘이 지는 보도로 사람의 통행을 위한 것이다. 이 길 양쪽에는 궁전, 대학, 극장, 예술 학교, 외국 공사관 등 다양하며 크고 높은 건물이 늘어서 있고, 그리고 아름다운 숙소, 넓은 점포 등이 있어 거리의 아름다운 풍경을 한 층 아름답게 해 주는 것들이 많다.

베를린에는 대학 외에도 이학교, 미술학교, 공학교, 건축학교, 육군병학교, 웅장한 문학교 등 많은 초급 학교 시설이 있다. 그리고 공립도서관 27개가 세워져 있어 몇 명이건 입관하여 서적을 볼 수 있게 하였다. 도시에 사는 주민은 제조와 미술, 정치 이야기 등으로 그 기력과 정신 양쪽을 사용하는 데 쉴 새가 없고, 도시 안에는 주민들 이외에도 움직이지 않는 조용한 영웅들의 초상이 많은데, 그 중에서도 가장 수려한 것이 프레드릭 대왕이 말에 올라타 있는 초상이다. 프로이센은 전쟁으로 세워져 전쟁으로 강대해진 곳으로 그야말로 무武로 세워진 나라라 할 수 있다. 따라서 처음 베를린에 오는 사람은 보는 것 마다 과거의 전쟁과 무력을 회상하지 않을 수 없다. 그러나 베를린에는 성벽, 보루가 없고 일반적인 석벽만이 있을 뿐이다. 이는 시골에서 도회로 들어오는 물품에 세금을 과징하기 위해 세운 것이다.

베를린의 중앙에 티르가르텐Thiergarten이라는 매우 넓고 정취 있는 동물원이 있다. 이 도시 사람들은 여름 저녁에는 처자식을 데리고 이곳으로 와 공원을 산책하거나 공원에 앉아 커피, 얼음 등을 먹으며 더위를 잊는다. 그리고 베를린 근방에 수려한 식물원이 있는데 원내의 수목은 2만 종이 넘는다.

베를린대학교는 게르만의 모든 대학 중에서도 가장 새로운 것 중 하나로 1810년에 설립되었다. 최근에는 학생이 3천 명에 이르며 그 중 법률을 연구하는 사람이 많다. 또한 로얄 라이브러리Royal-Library 라 불리는 도서관에는 약 50만여 권의 장서가 있다. 베를린은 철 세공이 정교하며, 다양하고 아름다운 도자기도 만든다. 베를린은 유럽 대륙의 거의 중앙에 자리 잡고 있기 때문에 이제부터 게르만과 그 부강한 이웃 나라들이 번성함에 따라 더욱 더 번성해질 전망이다.

베를린대학교

제32과 광선의 굴절

　일반적으로 광선은 그 통과하는 곳에 있는 물체의 밀도가 같을 때 직선으로 진행한다. 그러나 밀도가 다른 물체를 만나면 광선이 나아가 물체로 움직일 때 그 일부는 반사되어 뒤로 되돌아가고 다른 일부는 똑바로 진행하지만 그 방향이 물체를 만나기 전과 같지 않다. 이를 광선의 굴절이라 한다.

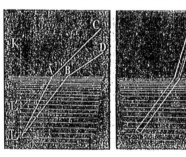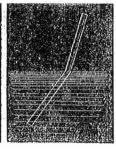

지금 왼쪽 그림에 나타나 있는 AB를 수정 혹은 물 수면이라 하고, CA는 공기 중을 진행하여 도달하는 광선으로 점 A에 낙하한다고 가정하면, KL은 AB의 면으로부터 직각을 이루는 곳에서 일직선을 이룬다. 그러니까 광선이 공기와 같이 밀도가 성긴 곳에서 수정 혹은 물과 같이 촘촘한 곳으로 진입할 때에 AL'의 방향으로 나아가지 않고 반드시 굴절하여 AL의 방향으로 나아가는 것이다. DB의 광선 역시 이와 같다. 그렇지만 이 광선이 만약 밀도가 높은 곳에서 나아가 성긴 곳으로 들어갈 때에는 반드시 이와 반대되는 법이다.

　여기에 삼각 수정이라 불리는 삼면체 기둥 모양의 수정이 있다. 이것을 갖고 암실에 들어가 그 방 창문에 작을 구멍을 하나 뚫어 이 작은 구멍에 햇볕이 들게 하고, 그 광선을 OD의 방향으로 하여 AB면을 비추면 점 D에서 점선으로 그린 수직선에 가까워져 DK 방향으로 나아가며, 점 K에서 AC면을 나올 때에는 점 K의 수직선에서 멀어져 KH방향으로 나아가는 것을 볼 수 있다.

　오른쪽 그림과 같이 광선이 삼각 수정을 통과하여 굴절하는 것을 흰 종이 위에 비추면, 앞에는 햇볕이 들어오는 창의 작은 구멍과 같은 크기의 흰색 점이었던 것이 바뀌어 일곱

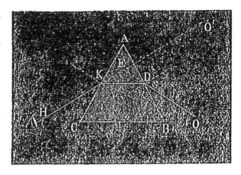

색의 장방형을 이루는 것을 볼 수 있다. 이 장방형을 가리켜 스펙트럼spectrum이라 한다. 그 장방형의 한 쪽 끝에는 붉은 색Red가 생기고, 다음은 이어 주황색Orange, 노란색Yellow, 초록색Green, 파란색Blue, 남색Indigo을 거쳐 다른 한쪽 끝은 보라색Violet으로 끝난다.

　이렇게 흰 빛이 나뉘어 여러 색의 선을 이루는 것은 무엇 때문인가 하면, 만약 삼각 수정이 광선을 굴절시킬 때 마다 모두 같고 방향만 다르다면 빛의 통과 전과 같이 하나의 흰색 점 밖에 보이지 않을 것이다. 그러나 빛이 삼각 수정을 통과할 때에 모든 선의 굴절이 각기 달라진다. 이러한 삼각 수정의 작용에 의해 빛의 모든 선이 나누어지긴 하지만 만약 뚫어진 구멍이 크다면 한 선이 차지하는 자리가 다른 선의 자리와 겹쳐지고, 비추어지는 곳의 스펙트럼도 서로 섞여 분명하게 이를 분간하여 볼 수가 없다. 그러므로

이와 같은 실험을 하려면 이 점에 유의하여 창문의 구멍을 아주 작게 뚫어야 한다.

제33과 검약의 훈계

도쿠가와 미츠쿠니德川光圀가 항상 말하길 "천하는 나라의 군주에서부터 무사와 서민에 이르기까지 검약을 제일의 덕으로 삼는다"고 했다. 지금은 천하가 모처럼 태평하여 사람들이 느끼지 못하는 사이에 의복, 말 안장, 칼의 장식에서부터 온갖 살림살이, 음식, 가옥 등에 이르기까지 남녀를 불문하고 모두 사치를 하는 분위기이기에 국비, 가계비 모두 부족해졌다. 이는 윗사람이 신경을 쓰지 않고 오로지 영화만을 누리려하기에 그 풍속이 자연스레 아래로 내려가는 것이다. 뿐만 아니라 아첨하며 뇌물을 바치는 데 정성을 다하고, 집사관과 군주를 가까이서 모시는 자들에게까지 모두 좋은 물건을 바치고 그 머리에 묻은 먼지까지 털어주며 아첨을 떨고 있다. 이러한 풍습이 한 번 시작되면 천하는 빈궁해진다. 더구나 토목 공사를 좋아하시는 시대라면 군주는 다른 지역에게 도움까지 청하며 많은 돈을 허비한다. 군주가 빈궁할 때에도 사농공상士農工商의 국민을 핍박하는데, 한 나라가 빈궁해진다면 오죽하겠느냐. 태평 치세가 오랫동안 이어질 때는 어떠한 세상이건 모두 이렇다. 군주 되는 자는 적어도 한문제漢文帝[68]가 검약을 했기에 천하가 풍요로웠고 사람들이 그것으로 안도했었던 것을 돌아보아 스스로 그

품행을 조심해야 할 것이다.

또한 무사와 서민이 좁은 집에서 분에 맞게 검약을 한다면 친척, 친구의 어려움을 도울 수 있고, 자손에게 학문과 예술을 가르치는 것도 어렵지 아니 할 것이다. 다만 검약과 인색을 혼동하는 일이 있으니 그 구별을 잘 하여만 한다. 윗사람이 인색하다면 따르는 사람이 없을 것이며, 아랫사람이라도 친척이나 친구와 친하지 못하여 인륜의 도리를 다하지 못하는 일이 많을 것이다"라고 했다.

---

68) 한나라의 5대 황제

제34과 하야시 라잔 전

　하야시 라잔林羅山은 교토京都 출신의 사람이다. 평상시에는 마타 사부로又三郎라 했고, 이름은 노부카츠信勝, 호는 라잔羅山이라 불렀다. 훗날 도쿠가와 가문德川氏를 모시게 되자 머리를 깎고 도슌道春이라 개명하였다. 그가 어릴 적, 아버지인 노부토키信時를 위해 가이노 토쿠혼甲斐德本이라 하는 사람이 와 다이헤이키大平記를 낭독한 적이 있다. 당시 라잔의 나이는 여덟 살이었는데 아버지 곁에서 이를 듣고 수십 장을 암송하였다. 그때부터 라잔은 글国字을 익혀 소설을 읽었으며, 또한 한서漢書에도 능통하였다. 그의 나이 열넷이 되었을 때 겐닌지建仁寺에 기거하며 책을 읽었는데 승려들 모두 라잔에게 글을 물을 정도였다. 승려들이 모두 그의 재능에 탄복하여 불도에 입문할 것을 권했지만 라잔을 전혀 받아들이려고도 하지 않았다. 승려들은 또다시 사람을 시켜 그 아버지 노부토키에게 강하게 권하였으나 노부토키도 라잔의 뜻에 맡기고 이를 강요하지는 않았다. 이에 라잔은 곧바로 집으로 돌아와 다시는 절에 들어가지 않았다고 한다.

　라잔의 나이가 열여덟이 되어 처음으로 주자집주朱子集註[69]를 읽고는 이내 사람들을 모아 이를 강연했다. 후나바시 3품船橋三位[70]이 이를 듣고 아뢰길 "예로부터 학문을 강연하는 것은 명경박사明經博士[71]의 직무로 이미 조정에 그들이 있습니다. 지금 노부카쓰는 필부의 몸으로 주자학을 가르치니 너무도 지나친僭竊* 자이기에 청컨대 이를 꾸짖어주십시오"라고 했다. 도쿠가와 이에야스德川家康는 라잔을 보고 배워야 할 바가 있다고 하며 결국 이를 꾸짖지는 않았기에 라잔은 크게 기뻐하며 학문을 더욱 열심히 닦았다. 당시 후지와라 세이카藤原惺窩의 유학에 대한 깊이를 전해 듣고는 라잔은 바로 그 문하에 들어갔는데, 세이카는 라잔을 한 번 보고는 옛부터 아는 사이처럼 느꼈다. 세이카는 이전에 사람들에게 말하길 "시류時流를 타고 명예만 쫓는 사람은 모두 당나귀가 울고 개가 짖는 것驢鳴犬吠*과 같다고 했다. 그러나 오직 노부카쓰는 나를 깨우치는 사람으로 함께 이야기를 나누어야 한다"라고 말했다. 그를 존중하는 바가 이와 같았다.

게이쵸慶長 연간(1596~1615년)에 이에야스가 교토의 니죠성二条城에 있을 때, 라잔의 명성을 듣고 이를 불러 만났다. 당시 라잔의 나이 스물 셋이었다. 이에야스는 스루가駿河에 돌아가게 되었고, 스루가를 거쳐 에도江戶에 다다를 숙명이었다. 때문에 라잔이 에도로 가 장군 히데타다秀忠를 알현하고 한서漢書 및 삼략三略*을 강연한다. 이에 막부는 라잔에게 저택과 봉록을 내려 그의 유신儒臣으로 삼는다. 이때부터 라잔은 크게 기용되어 조정의 의식을 치르고, 제도를 제정하는 대부분의 일이 그의 손을 거치게 된다. 또한, 즉위, 연호 개칭, 임금의 행차, 입청의 예식에서부터 외국과의 교제에 이르기

---

69) 사서집주라도 하여 논어, 맹자, 대학, 중용의 사전에 관한 주자의 주석서를 말한다.

70) 후나바시 히데카타(船橋秀賢)를 가리킨다.

71) 유교 경전을 가르치는 교관

하야시 라잔의 강연 모습

까지 모든 일에 참여하고 논의하지 않는 일이 없었다. 나이가 들어 병이 들어도 큰 일이 있을 때 마다 노쥬老中72)들이 옆에서 함께 이를 논의하거나 가마에 태워 성에 들이는 것이 허락되었다. 그 손주 노부아쓰信篤에 이르러서는 머리를 기르고 무사의 지위에 들어 대학장에 임명되었다. 자손이 그 뒤를 이어 막부 대대로 유신을 지냈던 것이다.

막부는 시노부가오카忍岡의 땅 수십 필지를 라잔에게 하사하여 별장으로 쓰게 했다. 이들이 라잔으로 하여금 이 땅에 학교를 세우려는 뜻이 있었기 때문이다. 이리하여 건물 한 채를 그 별장지에

---

72) 에도막부 시절, 장군에 직속하여 정무를 총찰하고 각 지역의 다이묘(大名)를 감독하던 직책이나 사람

세워 공자, 안연, 승자, 자사, 맹자의 상을 안치하여 처음으로 석가모니를 모시 듯 예를 올리고 학교를 열어 학생을 가르쳤다. 노부아쓰대에 이르러 이를 유시마湯島로 옮기면서 이 건축이 더욱 넓어지고 미려해졌다. 당시의 장군 쓰나요시綱吉는 손수 '대성전大成殿'이라는 세 글자를 적어 이를 그 문에 걸게 하였다. 이로써 모든 막부의 학교가 된다. 바로 이곳이 문묘文廟이다.

메레키明曆 연간(1655~1658년), 에도에 큰 불이 나 라잔의 집 또한 화마에서 벗어나질 못할 기세였다. 라잔은 책읽기에만 몰두해 일어서질 않았다. 이때 제자가 와 고하길 "이미 바로 옆까지 불이 옮겨 붙었으니 어서 사부님도 피하셔야 합니다"라고 했다. 라잔이 읽던 책을 손에 쥐고 가마에 타고 나서도 계속해 책을 읽었다. 별장에 다다르자 안색 하나 변하지 않고 읽던 책을 여전히 읽었다. 얼마 후 하인이 와 저택이 완전히 불에 탔다고 보고했다. 그러자 라잔은 "동기와銅瓦 서고는 어찌 되었느냐?" 하고 물었다. 이에 "몽땅 다 전소했습니다"라고 했다. 동기와 서고는 막부가 내려 준 곳으로 서책들을 쌓아둔 서고였다. 라잔은 이를 듣고는 탄식하며 말하길, "오랜 동안 읽었는데 하루아침에 이를 잃었구나. 화재는 정말 가혹하기 짝이 없구나"라고 했다. 그로부터 우울해 하며 즐거움을 느끼지 못하고 나날이 병이 무거워졌고 결국 닷새 만에 생을 마쳤다. 그때 나이 75세였다. 그가 저술한 책이 130종, 문집과 시집은 각각 75권이었다. 그 자식인 하루카쓰春勝가 대를 이었고, 호를 슌사이春齋 혹은 가호鵞峰라 불렀다. 혼죠쓰칸本朝通鑑[73] 310여 권은 이 사람이 막부의 명을 받아 지은 것이다.

---

73) 1670년에 성립한 전 326권의 에도막부에서 편찬한 한문편년체의 역사서

*참절(僭竊): 신하의 신분으로 할 수 없는 일을 하는 것을 말한다.

*당나귀가 울고 개가 짖음(驢鳴犬吠): 당나귀는 울부짖고 개는 짖어 소리를 내어도 이야기 상
 대는 되지 않는 다는 것을 말한다.

*삼략(三略): 육도(六韜)와 삼략이라는 것은 병서의 이름이다.

제35과 태양계

태양에는 항상 그 주위를 도는 수많은 유성이 있다. 그 유성의 크기는 각기 매우 다르며, 태양과 떨어진 거리도 각기 매우 다르다. 이 중 가장 큰 것으로 8개가 있다. 우리 지구와 같은 것도 원래는 그 중 하나이다. 지금 그 이름을 제시하는 바, 태양에 가장 가까운 것을 우선하고 점차 먼 것으로 말하겠다. 즉, 수성, 금성, 지구, 화성, 목성, 토성, 천왕성, 해왕성이다.

그 밖에 다소 작은 소행성들이 있으며 이들 또한 태양 주위를 돈다. 이들도 태양계의 일부를 이루고 있으며, 그 궤도는 화성과 목성 사이에 있다. 현재 이미 발견된 소행성의 숫자는 112개로 그 중 가장 작은 것은 무게가 몇 푼(1푼=0.375g)도 되지 않는 것이 있다고 한다.

그리고 혜성이라 하는 일종의 기이한 별이 있는데 갑자기 나타나서 조금씩 태양에 가까워지다가 태양 주위를 돌고는 다시금 어디론가 사라진다. 이 또한 태양계에 속하는 것이다. 그 외에도 여러 유성 주위를 도는 위성이 있다. 위성은 모든 유성이 태양을 중심으로 해 도는 것과 같이 유성을 중심으로 하여 그 주위를 도는 것을 말한다. 우리 지구에 속해 있는 위성은 달 하나지만, 목성에 속해 있는 것은 4개, 토성에는 8개, 천왕성에는 4개가 있다. 해왕성에 속해있는 위성은 단 하나만 발견되었고 그 외에 존재하는지는 아직 알 수 없다.

　모든 유성이 운행을 하는 데 있어 스스로의 일정한 규칙을 갖고 있다. 지금 여기에 그 대략을 설명하자면, 첫 번째, 모든 유성이 태양을 동일한 방향으로 돈다는 것이다. 즉, 모두 서쪽에서 동쪽을 향해 회전한다. 두 번째로는 모든 유성의 궤도 모양은 모두 타원橢圓을 이룬다는 점이다. 정원正圓과는 차이가 있으며 작은 것도 있고 큰 것도 있지만 모두 타원이 아닌 것은 없다. 특히 해성의 궤도는 가장 좁고 긴 타원 모양이다.

　모든 유성은 태양을 회전할 뿐 아니라 또한 스스로 그 축으로 회전하는 것이다. 그 축을 중심으로 한 회전은 모든 별이 동일한 방향으로 돈다. 즉, 서쪽에서 동쪽을 향해 회전한다고 한다. 그리고 위성이 본성을 회전할 때에도 동일한 방향으로 회전한다. 그러나 천왕성과 해왕성에 속해 있는 모든 위성은 통상의 규칙과 전혀 반대로 모두 거꾸로 돈다고 한다. 다시 말해 동쪽에서 서쪽을 향해 회전한다.

제36과 이학의 옛 이야기

지금으로부터 오래 전, 유럽의 함브르크Hamburg라고 하는 곳에 브랜드Brand라는 사람이 있었었는데, 그는 선천적으로 화학을 좋아해 갖가지 실험을 했습니다.[74] 이 사람이 생각하길, '사람은 만물의 영장이라 할 정도로 고귀한 것이기에 그 소변도 분명 고귀한 것이다. 그 색이 노란 것을 보면 황금이 들어 있을지도 모르지. 어디한 번 이를 실험해 봐야지.' 하며 약을 부어 보기도 하고 불을 붙여보기도 하는 등, 갖가지 방법으로 실험을 했으나 자신이 처음에 목적으로 삼았던 개나리색의 황금은 발견하지 못하고, 공기에 닿으면 연기가 나고 어두운 곳에서 보면 빛을 발하는 밀랍색의 인이라는 원소를 발견했습니다. 지금 화학자의 관점에서 보면 원래 물질이라 하는 것은 만들어내거나 또는 소모할 수 없는 것입니다. 아무리 만물의 영장이라고는 하지만 황금이 들어 가 있을 리가 없는 일이지요. 브랜드의 생각은 실로 바보스러운 일이라며 웃겠지요. 하지만 브랜드는 자신의 생각이 옳은지 그른지 자주 실험을 해보았기 때문에 처음의 목적과는 달라지기는 했지만 연구를 한 공으로

---

74) 제36과, 제37과의 문체는 본문 그대로 번역했다.

인이라는 원소를 발견할 수 있었고 이로써 화학의 진보에 크게 기여해 성냥이라고 하는 편리한 물건을 만들어낼 수 있었던 것은 아닐런지요.

옛 학자의 생각은 모두 브랜드와 같아 철이나 납과 같이 하찮은 것으로 황금을 만들려고 하는 연금술사도 있었으며, 또한 인간이 죽지 않도록 하는 선약仙藥을 만들어내겠다며 고생을 하는 도인도 있었습니다. 그리고 별의 위치나 구름의 모양을 보고 길흉을 점치거나 스스로 쉬지 않고 움직이는 기계를 발명하고자 연구했지만 모두 지금 보기엔 정말 우스운 것입니다. 오늘날 이학이라고 하는 것은 모두 이러한 것에서 출발한 것으로 연금술사나 점성가 등의 공로가 그렇게 가벼운 것만은 아닙니다. 그 연구가 우습다고 생각지 않고 열심히 연구를 해 갖가지 발명을 한 것으로 치자면 세상의 대단한 공적을 이룬 사람과 비교하더라도 부끄럽지 않을 일입니다.

중국에도 연금술사나 점성가가 있었지만 중국인은 서양인처럼 무엇이건 끝까지 이루어내겠다는 기상이 없어서인지 연금, 연단煉丹75)의 목적을 관철시키지 못하고 결국 도중에 모습을 감추어 진정한 개화의 토대가 되는 이학에 대한 뜻을 잃고 말았습니다. 그렇기에 서양보다 오래된 나라이면서도 오로지 문자의 학문에만 치중하여 천년, 2천년이라는 세월이 마치 꿈과 같이 지나가 조금도 개화가 진전되지 못하고, 오히려 나중에 생겨난 서양에 무엇에건 뒤지게 되었습니다. 그러니 모든 것을 중국식으로만 배우던 우리나라(일본)도 그와 같아 지금까지는 이학이라고 하는 것은 약에 쓰려고 해도 없을 정도였기 때문에 서양인에게 머리를 숙여야만 했습니다. 그러니 제군들은 아주 열심히 이학을 배워서 부국강병의 씨

75) 옛 중국의 선술(仙術)에서 흙으로 황금을 만들었다는 연금술

앗을 뿌려야만 합니다.

지금 말한 것과는 달리 서양에서는 연금술사나 점성가가 무언가를 잘못했어도 조금도 낙담하지 않고 끈기 있게 실험을 했기 때문에 목적하는 물건을 만들어내지는 못했지만, 다른 여러 가지 물건을 발명하여 그때까지 몰랐던 일들을 점차 알게 되었고 시간이 지남에 따라 뜻하지 않게 대단한 학문이 생겨나게 되었습니다. 그래서 점점 그때까지의 생각들이 잘못되었다는 것을 깨우치고 결국 올바른 사고를 할 수 있게 되었던 것입니다. 즉, 연금술이 다양하게 변화하여 오늘날 화학이 되었으며, 점성술이 그 정신을 바꾸어 오늘날 천문학이 된 것입니다. 실로 서양과 동양은 토지와 인종이 다르다고는 하지만 연금과 점성이라는 똑같은 생각을 하면서도 동양에서는 그 생각을 실험하는 정신이 약하여 무언가를 이루어내지 못하고 그로 인해 중요한 이학 사상의 발달이 멈추게 되었으며, 서양에서는 끈기 있게 가진 생각을 연구하며 선조가 한 노력을 헛되이 하지 않고 이학의 토대를 마련하여 결국에는 동서의 개화에서 천지 차이를 만들어낸 사실은 그야말로 탄식하지 않을 수 없습니다.

그러나 지금 말한 푸념들은 몇 번이고 반복한들 되돌릴 수가 없기 때문에 제군들은 낙담을 하지 말고 지금까지의 중국식 사고를 그만두고 오늘날 다시 생겨난 일본이라는 나라에 다시 태어난 기분으로 이학, 문학, 상법, 정치를 열심히 공부한다면 설령 그 뜻이 다르다 하더라도 브랜드가 인을 발견한 것과 같은 일이 일어 날 것입니다. 하물며 학문의 목적도 발달한 오늘날이기에 어떤 업적도 이루어내지 못할 것이 없을 것입니다. 나중에 생겨난 서양이 오래된 동양을 뛰어 넘은 것처럼 오늘 태어난 일본이 장년의 서양과 어깨를 견주지 못하는 일은 결코 없을 것입니다.

제37과 태양 빛과 그 작용

태양빛은 우리들을 위해 어떠한 일을 하는가 하면, 우선 그 작용이 두 가지 있어 빛과 열을 우리들에게 제공하는 것인데, 기본적으로 우리들이 사물을 볼 수 있는 것은 온전히 태양빛의 힘에 의한 것입니다. 때문에 만약 실내가 칠흑같이 어두워지면 제군들은 의자, 테이블Table은 말할 것도 없고 벽조차도 구별할 수 없게 될 것입니다. 그 이유가 무엇인가하면, 실내의 모든 사물이 제군들의 눈으로 보내져야 할 빛의 파동을 발생시키지 않기 때문입니다.

그렇지만 태양빛이 창문을 통해 한꺼번에 실내로 쏟아져 들어와 그 파동이 사물에 닿게 되면 즉시 반사해 마치 바다의 파도가 바위에 부딪혀 튕기는 순간에 지나가는 배로 와 닿는 것처럼 제군들의 눈에 와 닿을 것입니다. 그렇게 태양의 파동이 눈동자 안으로 들어가면 바로 망막과 시신경을 자극하게 되고 비로소 의자와 테이블 등의 형상을 모든 것의 중심인 뇌에게 전달됩니다. 그리고 물체에 따라서는 전혀 빛의 파동을 반사하지 않고 모두 통과시키는 것이 있습니다. 투명한 유리Glass판이 바로 그 예로 빛의 파동은 대부분 남김없이 그 안을 통과합니다. 이 때문에 때때로 제군들의 바로 눈앞에 있는 유리가 보이지 않는 일이 있는 것이랍니다. 이는 빛의 파동이 보내는 심부름꾼이 유리로부터 반사되어 되돌아오지 않기 때문에 유리문이 눈앞에 있는 것도 모른 채 여기에 부딪혀 유리를 깨는 일이 있는 것입니다.

또한 빛의 파동은 막 닦아 반짝반짝 빛이 나는 금속을 전혀 통과할 수 없습니다. 대개 그 표면에서 반사됩니다. 강철로 만든 작은 칼이나 은수저과 같이 윤이 나 눈에 잘 띄는 것은 온전히 이 이치 때문이며, 유리거울 뒷면에 수은을 칠하는 것 역시 수은이 빛의 파동을 잘 반사시키기 때문입니다.

사물의 표면에서 반사된 빛의 파동은 그 물건을 우리들이 잘 볼 수 있도록 해 줄 뿐 아니라 동시에 다양한 색을 발현시키기도 합니다. 지금 여기에 태양 빛이 어떤 나뭇잎에 닿는다고 생각해 보지요. 그 빛의 파동 일부분은 바로 잎의 표면에서 반사되어 제군들의 눈으로 들어가 제군들에게 잎의 형태를 보게 해준답니다. 그리고 그 나머지 파동은 잎 안으로 들어가 그 안에서 얼마간은 잎에 묶여 도망 나올 수 없습니다. 빨강, 주황, 파랑, 남색, 보라색의 파동은 모두 잎이 필요로 해서 일단 그 속에 들어가 갇히면 다시는 나올 수 없습니다. 하지만 잎에는 녹색의 파동은 필요가 없어 흡수하지 않기 때문에 그 파동만 모두 잎에서 반사되어 제군들의 눈으로 들어가게 되고, 그것이 잎을 녹색으로 보이게 하는 것입니다.

이러한 연유로 나뭇잎을 녹색이라 하는 것인데, 이를 달리 말하자면 나뭇잎은 태양빛 안에 있는 녹색의 파동을 필요로 하지 않고 이를 전부 사람의 눈에 반사시켜 버리는 것입니다. 이와 같은 이치로 빨간 꽃은 빨간 색의 파동을 반사시키고, 하얀 천은 모든 색의 파동을 모두 한꺼번에 반사시키는 것이며, 검은 의복은 그것과 반대로 모든 색의 파동을 대부분 흡수하여 반사시키는 것이 극히 적은 것입니다.

이렇듯 우리들이 나뭇잎, 하얀 천, 검은 의복, 빨간 꽃 등의 색들을 각기 다른 색으로 보는 것은 그 물체 안에 이러한 색이라 하는 것이 실제로 존재하는 것이 아니라, 그저 그 물체가 우리들의 눈으로 보낸 파동의 색이 각기 다르기 때문입니다. 이 얼마나 신묘한 일입니까.

지금까지는 빛의 이야기만 했습니다만, 제군들이 태양 빛에 손을 내밀면 분명 태양빛에는 열이 있다는 것을 느끼겠지요. 그러므로 열의 파동도 어떠한 일을 하는 것인가 생각해보는 것이 좋습니다. 모든 태양 빛 안에는 진동이 너무 느려 우리들의 눈을 비출 수도, 그 빛을 볼 수 없는 파동도 많습니다. 이 파동은 눈에는 보이지 않지만 그 열을 느낄 수 있습니다. 이 열파동을 손쉽게 느끼는 방법을 말하자면, 평평한 한 장의 철판을 데워 얼굴 가까이 가지고 가면 그 철판은 빛의 파동을 내지는 않지만 열의 파동이 격하게 얼굴에 닿는 것을 확실하게 느낄 수 있습니다.

그러니까 태양 빛에는 이처럼 눈에 보이지 않는 열선熱線이 많고 온 세상은 대부분 이 열선의 작용에 의해 이루어집니다. 먼저 그 예를 들어보면 공기를 데워 가볍게 하고 그 가벼워진 공기가 상승하여 바람을 일으켜 사방의 공기를 유동시켜 대류를 일으키는 것은 이 열파동의 작용입니다. 또한 지면을 데워 초목을 자라게 하는 것도 눈에 보이지 않는 열파동의 작용입니다. 그리고 우리들이 몸의 체온을 유지시키는 것 또한 직접 태양빛에서 오는 것과 멀리 돌아 식물 매개에 의한 것이 있는데 이들 또한 열파동의 영향이라 할 수 있습니다.

석탄은 원래 식물이었으며 오늘날 이를 연소시켜 발생하는 열은 바로 이 식물들이 먼 옛날에 엄청나게 빨아들인 열입니다. 그렇다면, 우선 석탄을 태워 어떠한 일을 할 수 있을까를 생각해 봅시다.

단지 석탄의 불은 집안을 데우고, 석탄 가스는 실내나 거리를 밝힐 뿐 아니라 석탄의 열은 물이 변화하여 증기를 이루고 그 힘으로 백 명, 천 명의 힘으로도 좀처럼 움직이지 않는 큰 기계나 증기기관을 가뿐히 움직이게 합니다. 증기선이 망망대해의 파도를 헤치고 넓은 세계를 다닐 수 있는 것도 모두 이 석탄의 힘에 의한 것입니다. 그리고 램프를 밝히는 석유도 원래는 석탄이나 땅 속에 묻힌 먼 옛날의 동식물로부터 뽑아낸 것이며 그 원천을 하나하나 밝혀 나아가면 역시 태양열에서 생겨난 것입니다.

우리들이 사용하는 초에는 양 기름으로 만든 것이 있습니다. 그 양이 어떻게 된 것인지 생각해보면, 풀을 먹고 자란 것이며 또 그 풀은 태양열에 의해 자라난 것이지요. 그렇다면 아무리 생각해 보아도 이 지구상의 모든 빛과 열, 장작불, 촛불, 가스, 램프 등에서 나온 것도, 그리고 기계를 움직이게 하고 기차를 달리게 하고 증기선을 나아가게 하는 것도 모두 우리들이 태양빛의 힘이라 불리는 멀리 떨어진 태양에서 온 에테르Ether*파의 작용이라 하는 것이 더욱 이치에 맞을 것입니다.

*에테르(Ether): 그 성질은 매우 희박하여 무한의 탄력을 갖고 있으며, 우주 공간에 충만하여 광열 등 모든 열에너지의 매개가 되는 것이다.

고등소학독본 6권 끝

고등소학독본 권6

高等小學讀本

六

明治二十年六月二十日版權所有屆

明治廿二年十月五日出版

文部省編輯局藏版

〔定價金拾六錢〕

エーテル其ノ性極テ稀薄ニシテ、無限ノ彈力ヲ有シ、宇宙間ニ充滿シテ、光熱等ノ諸勢力ノ媒介ヲ爲スモノナリ。

高等小學讀本卷之六終

ノ苦モナク運轉致シマス蒸氣船ガ、大海ノ浪ヲ蹴破リテ廣キ世界ヲ廻ルノモ、亦此石炭ノ力ニ由ルモノダ又ランプニ點ス油モ、モト石炭ヤ、地中ニ埋モレタル、大昔ノ動植物ヨリ取リタルモノニテ其源ヲ段々ト尋ヌレバ、矢張リ太陽ノ熱ヨリ出テ來リタルモノデアリマス。

我等ノ用フル蠟燭ニハ羊ノ脂ニテ製シタル者ガアル其羊ハ、ドウダト云フニ草ヲ食ウテ成長シタル者デ其草ハ、太陽ノ熱ヨリテ育チタルモノデアリマセウ。左スレバ、ドコカラ考ヘテ見テモ此地球上ノ光ト熱トハ焚火ヤ蠟燭ヤ瓦斯ヤ、ランプナドカラ出ルモノモ、又器械ヲ運轉シ汽車ヲ走ラセ汽船ヲ推シヤルモ皆是レ我等ガ目射ノ力ト呼ビナセル太陽カラ遙ヤ出カケル工ーテルEtherノ波ノ仕業ダト申シテ更ニ不都合ハナイデアリマセウ。

ヲバ空氣ヲ暖メテ輕クナシ其輕クナリタル空氣ガ昇騰シテ風ヲ

起シ、ソコデ諸所方々ノ空氣ヲ流動サセ夫レヨリシテ又洋流ヲモ

起スコトハ、此熱波ノ仕業デアリマス又地面ヲ暖メ草木ヲ成長サ

スルノモ、此熱波ノ仕業デアリマス又我等ガ身體中ノ

温熱ヲ保ツノモ、直接ニ日光ヨリ來ル者ト廻リ遠ク植物ノ媒ニ由

ル者トニテ是レ亦熱波ノ御蔭ト申スベキモノデアリマス。

石炭ハ、モト植物ニシテ今日是ヲ燃シテ發スル熱ハ取リモ直サズ

是等ノ植物ガ極大昔ニ吸ヒ込ミ置キタル熱デアリマス。ソレハサ

ウトシテ、先ヅ石炭ヲ焚イテ如何ナル大事業ガ出來ルカト考ヘテ

御覽ナサレ只石炭ノ火ハ家ノ内ヲ暖メ石炭瓦斯ハ室内ヤ街道ヲ

照ラス計リデナク、石炭ノ熱ハ水ヲ變ジテ蒸氣トナシ其力ニテ百

人千人ノ力ニテモ、中々動カヌ様ナ大仕掛ノ器械ヤ蒸氣機關ヲ何

デアリマス。ナント是ハ奇ャ妙ャナル譯デハムヲヌカ。

是レ迄ハ只光ノ話シノミ致シマシタナレド諸君、手ヲ日向ニ出サ

レタナラ、屹度、日射中ニ熱ノアルコトヲ感シマセウ。ソコデ又熱ノ

波モ、如何ナル事業ヲナスカト考ヘテ見ルガ宜シイ。全體日射中ニ

ハ振動ノ餘リ遲クシテ、我等ノ目ヲ射ルモ其光ヲ見ルコトヽ出來

ヌ波ガ澤山ニアリマス。此波ハ目ニハ見ラレネヒ、其熱ヲ感ズルコ

トハ出來マスル。シテ此熱波ヲ感ズルコトノ極手輕キ仕方ヲ申サ

ニ、一ッノ平タキ鐵ノ板ヲ温メテ顏ノソバニ持チ行クトキハ、其

鐵ノ板ハ固ヨリ光波ヲ發セネヒ熱波ノ劇シク顏ヲ打ツノヲ感ズ

ルコトハ謂合デアリマス。

サテ日射中ニハ是等ノ目ニ見エヌ熱線ガ澤山アリテ世界中ノ事

業ハ大抵此熱線ノ仕業ニ由ル者デアリマス。先ヅ其例ヲ申サウナ

緑色ノ光波ハ不用ユヱ吸ヒ込マヌ所カヲ、ソノ光波バカリガ皆葉

ヨリハネ返サレテ諸君ノ目ニ戻リ入リ、ソコデ葉ヲ緑色ニ見セル

ノデアリマス。

斯ル譯柄ユヱ樹ノ葉ヲ緑色ナリト言フハ、取リモ直サズ樹ノ葉ハ、

日射中ニアル緑色ノ光波ヲ入用トセズ盡ク是ヲ人ノ目ニハネ返

スト云フ事デアリマス。是ト同ジ譯デ紅花ハ紅色ノ光波ヲハネ返

シ、白キ布ハ諸色ノ光波ヲ皆一ドキニハネ返シ、黒キ衣服ハ、夫レ

裏ハ、ラニテ諸色ノ光波ヲ大抵吸ヒ込ミ、ハネ返ス所ハ極ヤ些少ナ

ル者デアリマス。

斯様ニ我等ガ樹ノ葉、白キ布黒キ衣服紅花ナドノ樣ナ色ヤト異ナ

ル色ヲ見ルハ、其物ノ中ニ斯樣ナ色ト云ヘル物ガ實ニ有ル譯ノモ

ノデハナク只ヤ其物ガ我等ノ目ニ送リ戻ス波ノ色ガ各違フカラ

又光波ハ、磨キタテノキラキラ輝ク金屬ヲバ、少シモ通リ拔ケルコ

トガ出來マセヌ。大概ハ、其表面カラハネ返サレマス。彼鋼鐵ニテ作

リタル小刀ヤ銀ノ食匙ナドノ、キラキラシテ目ニ觸レ易キハ、全ク

此理ニ由ルモノニテ、又ガラスノ鏡ノ裏ニ水銀ヲ塗ルモ、矢張リ水銀

ハ、ヨク光波ヲハネ返スカラデアリマス。

物ノ表面ヨリハネ返サレタ光波ハ、能ク其物ヲ我等ニ見サスルバ

カリデナク、亦色々ナ色ヲ顯ハスモノデアリマス。今爰ニ日射ガ、一

片ノ葉ニ當ルト思ヒナサレ其光波ノ一部分ハ、直ニ葉ノ表面カラ

ハネ返サレテ諸君ノ目ニ這入リ諸君ニ葉ノ形ヲ見セマセウ又其

餘ノ光波ハ葉ノ中ニ入リ、其内ノ幾ヲカハ葉ニ捕ヘラレテ逃グル

コトガ出來マセヌ。彼紅橙黄青藍青蓮ノ光波ハ皆葉ニ入用ノモノ

ナルユヱ、一返其中ニ入リコメバ再ビ出テ來マセヌ。サレド葉ニハ、

サレド日射ガ、ドット窓ヨリ室内ニ注ギ込ンデ來テ其波ガ諸物ノ面ニ當ルトキハ、忽チハネ返リテ丁度海ノ波ガ岩ニ當リテハネ返ルトタンニ通行スル船ニ打チ掛カルヤウニ諸君ノ眼ニ打チ掛ケマセウ。ヨデ光波ガ目ノ玉ノ中ニ逼入ルト、直ニ網膜ト神經トヲ刺戟シ、始テ椅子ヤ、テーブルナドノ形像ヲ本尊ノ腦ニ傳フル者デアリマス。又物ニヨリテハ少シモ光波ヲハネ返サズニ皆通リ拔ケサスル物ガアリマス例ヘテ見ヤウナラバ、透キ通リタルガラス、Glass ノ板ハ斯樣ナ類ノ物デ光波ハ、大抵殘ラズ其中ヲ通リ拔ケマス夫レダニ由リ諸君ニモ折々目ノ前ニ在ルガラスガ視エヌコトガアリマセウ是ハ光波ノ御使ガガラスカラハネ返サレテ來ヌカヲガラス戸ノ前ニアルヲモ知ズニ是ニ突キ當リテガラスヲ壞スコトガアルノデアリマス。

テ居ル今日ニ至何デ手柄ガ出來ナイト云フコトガアリマセウ彼

後カラ生レタ西洋ガ老成ノ東洋ヲ追ヒ越シタ通リ今生レタ日本

ガ、壯年ノ西洋ト肩ヲ並ブル樣ニナレヌ事ハ決シテアリマスマイ。

第三十七課　日射力及其事業

日射力ハ我等ノ爲ニ如何ナル事業ヲ爲スゾト云フニ、先ヅ其仕業

ニツアリテ、光ト熱トヲ我等ニ與フルモノニテ、素ト我等ガ物ヲ視

ルコトノ出來ルハ、全ク日射ノ力ニ依ル者デアリマス夫レダニ由

リ若シ此室内ノ眞暗ナランニハ諸君ハ椅子テーブルTable ハ言フモ

更ナリ、此壁スヲモ視別ケルコトハ出來マスマイ。コハ何故ナルゾ

ト云フニ、全ク室内ノ諸物ガ諸君ノ眼中ニ送リ入ルベキ光波ヲ發

セヌ故デアリマス。

ノ天文學トナリマシタ、實ニ西洋ト東洋トハ、土地ト人種トノ違ハ
アリマスレド、煉金ト云ヒ、占星ト云ヒ共ニ同ジ考ガアリナガラ、東
洋デハ、其考ヲ試驗スル精神ガ弱クシテ、ソレヲ遣リ遂ゲルコトガ
出來ズ、爲ニ大切ナル理學思想ノ發達ヲ止ムル樣ニナリ、西洋デハ、
辛抱强ク、此考ヲ研究シ、古人ニ無駄骨ヲ折ラセズシテ、理學ノ土臺
ヲ打チ立テ遂ニハ東西ノ開化ニ雲泥ノ差ヲ生ズル樣ニナリマシ
タハ、誠ニ嘆カハシキ事デハムヌカ。
サレド今申シタ樣ナ繰言ハ何度云ウテモ返ヲヌコトユエ諸君ハ、
是ガ爲ニ力ヲ落サズ、今迄ノ樣ナ支那風ナ考ヲ止メ、今日始テ出來
タ日本ト云フ國ニ生レタ氣ニナリ、理學ニ文學ニ商法ニ政事
ニ、一生懸命ニ勉强シタナラバ假ヒ其志ガ間違ウテ居テモブラン
ドガ燧ヲ發見シタ樣ナ事ハ出來マセウ況シテ學問ノ目的モ極リ

百三十七

頁クル樣ニナリマシタ。サレバ萬事、支那風ノミ學ンデ居タ吾國モ、

是ト同樣ニテ、今迄ハ理學ナド、云フモノハ藥ニシタクモナイ位

デアリマシタユエ、西洋人ニ頭ヲ下ゲネバナラヌ樣ニナリマシタ。

ソレ故諸君ハ、大勉强デ理學ヲ學ビ富國强兵ノ種ヲ蒔カネバナリ

マセヌ.

今申シタ事トハ違ヒ西洋デハ彼煉金家ヤ、占星家ガ仕損ヒヲシテ

モ、少シモ力ヲ落サズ、辛抱强ク試驗ヲスルノデ、目的ノ物ヲ造ルコ

トハ出來ヌニモセヨ別ニ色々ナ發明ヲシテ、今迄分カラヌ事柄ガ、

次第ニ分カル樣ニナリ、年ガ立ッニ隨ウテ思ハズ知ラズ、大造ナ學

間ガ出來テ來マシタ。ソコデ、殷々ト今迄ノ考ガ間違ウテ居タノガ

分カリ、遂ニ眞ノ考ガ出ル樣ニナリタノデアリマス、即チ煉金術ガ、

色々ニ變化シテ今ノ化學トナリ、占星術ガ、其精神ヲ入レ换ヘテ、今

ル器械ヲ發明セント工夫シマシタガ、今カラ見マスト、何レモ誠ニ

可笑イ樣デアリマス。サレド今ノ理學ト云フハ皆此樣ナ事カラ起

リタノデ、煉金家ヤ、占星家ナドノ功勞ハ、中々容易ナ事デハアリマ

セヌ其工夫ノ可笑イ事ハサテオキ、非常ノ勉强ヲシテ種々ノ發明

ヲシタ上カラ云ヘバ世間ニ非常ナ功業ヲ成シタ人ト比ベテモ、恥

シカラヌ事デアリマス。

支那ニモ煉金家ヤ占星家ガアリマシタレド、支那人ハ西洋人ノヤ

ウニ、何處迄モ遣リ通スト云フ氣象ガ無イト見エテ、煉金、煉丹ノ目

的ヲ貫クコトガ出來ズ、遂ニ半途ニテ立チ消エノ姿トナリ、眞ノ開

化ノ土臺トナル理學ノ考ヲ失ヒマシタ。ソレ故、西洋ヨリモ舊イ國

デアリナガラ、唯文字ノ學問ノミトナリ、千年モ二千年モ、マルデ夢

中同然ニテ、少シモ開化ガ進マズ、却テ後カラ生レタ西洋ニ何事モ

シタ、今ノ化學者ノ眼カラ見マシタラ、元來物質ト云フモノハ遊リ

出シタリ、又ハ避ヒ耗ヲシタリスルコトノ出來ナイモノダ。如何ニ

萬物ノ靈トハ云ヘ黄金ガ逗入リテ居ヤウ道理ガナイ。ブランドノ

考ハ誠ニ馬鹿馬鹿シキ事ダト笑ヒマセウザレドブランドハ自分

ノ考ガ正シイカ間違ヒカト頻ニ試驗ヲシマシタカラ初ノ目的

ハ違ヒマシタレド勉強ノ功ガ顯レテ、燐ト云フ元素ヲ發見シ大ニ

化學ノ進歩ヲ助ケ摺附木ナド云フ便利ナモノヲ造ルコトガ出來

ル様ニナリタデハムヲヌカ。

昔ノ學者ノ考ハ皆ブランドノ様ナモノデ鐵ヤ鉛ノ様ナ粗末ナ物

カラ黄金ヲ造ラウトスル煉金家モアリ、又人間ヲ死ナヽイ様ニス

ル仙丹ヲ煉リ出シタイト骨折ル道人モアリマシタ或ハ星ノ居所

ヤ靈ノ模様ヲ見テ、吉凶ヲ占ナウタリ或ハ獨デ何時迄モ動イテ居

法則ト相反シ皆逆行シテ本星ヲ運ル者トス即チ東ヨリ四ニ向ヒ

テ回轉スルナリ。

第三十六課　理學上ノ昔話

今ハ昔、歐羅巴ノハムブルグ Hamburg ト云フ地ニブランド Brand ト云

フ人ガアリマシタガ、生レ付キ化學ガ好キデ種々ノ實驗ヲシテ居

マシタ此人ツクヅク考ヘマスニ人ハ萬物ノ靈ト云フ位ニ貴キモ

ノナレバ其小便モ必ズ貴キモノナラン其色ノ黄ナルヲ思ヘバ黄

金ガ逬入リテ居ルカモ知レヌ、イデヤ是ヲ試ミント藥ヲツギテ見

タリ、火ニ掛ケテ見タリ樣々ト工夫ヲ凝ラシマシタ所、自分ガ始メ

目的トシタ山吹色ノ黄金ハ見出スコトナクテ空氣ニ觸レルト烟

ヲ吐キ暗イ處デ見ルト光ヲ放ッ蠟色ノ燐ト云フ元素ヲ發見シマ

ニハ四個アリ。海王星ニ屬スル衛星ハ、只一個ノミ撿出シタレ圧、其

他ノ有無ハ未ダ知ルコト能ハズ。

諸遊星ノ運行スルニハ皆自ラ一定ノ法則アリ。今其大意ヲ示サン

ニ、第一ニハ諸遊星ノ、太陽ヲ回ルヤ、イヅレモ同一ノ方向ニ運行ス。

即チ皆西ヨリ東ニ向ヒテ回轉スル者ナリ。第二ニハ諸遊星ノ軌道

ノ形狀ハ皆盡ク楕圓ヲ爲セリ。其正圓ト異ナル所或ハ小ナルアリ、

或ハ大ナルアリト雖モ皆盡ク楕圓ナラザルハ無シ。殊ニ彗星ノ軌

道ニ至リテハ楕圓ノ最モ狹長ナル者ナリ。

諸遊星ハ、太陽ヲ回轉スルノミナラズ、又自ラ其軸ニ回轉スル者ナ

リ、其軸ニ回轉スルニ諸星皆同一ノ方向ニ運行ス。即チ西ヨリ東ニ

向ヒテ回轉スル者トス。又衛星ノ本星ヲ回轉スルモ同一ノ方向ニ

運行スルナリ。然ルニ天王星ト海王星ト二屬スル諸衛星ハ通常ノ

キモノニ及ボスベシ即チ水星、金星、地球、火星、木星、土星、天王星、海王

星是ナリ。

其他ニ多少ノ微細ナル小遊星アリテ、亦同ジク太陽ノ周圍ヲ運轉

ス。是レ亦太陽系ノ一部ヲ爲ス者ニテ、其軌道ハ火星ト木星トノ間

ニアリ。現今已ニ撿出セル小遊星ノ數ハ百十二個アリテ、其最微ナ

ル者ニ至リテハ重サ數分ニ過ギザル者アリト云フ。

又彗星ト名ヅクル一種ノ奇異ナル星アリテ、忽然ト現出シテ漸々

太陽ニ近ヅキ是ヲ周廻シテ再ビ故處ニ歸ル。是レ亦太陽系ニ屬ス

ル者ナリ。其他種々ノ遊星ノ周圍ヲ廻轉スル衞星アリ。衞星ハ猶諸

遊星ノ太陽ヲ中心トシテ是ヲ運ルガ如ク更ニ遊星ヲ中心トシテ、

其周圍ヲ廻轉スル者トス。我地球ニ屬スル衞星ハ月ニシテ、其數只

一個ノミナレドモ木星ニ屬スル所ノ者ハ四個、土星ニハ八個、天王星

リ靜ヤトシテ樂マズ病益重キヲ加ヘ、遂ニ五日ヲ經テ卒セリ年七

十五ナリ其撰著スル所、一百三十種文集詩集ハ各七十五卷アリ其

子春勝家ヲ繼ギ號ヲ春齋又ハ鷲峰ト云ヘリ本朝通鑑三百十卷ハ、

此人ノ幕府ノ命ヲ受ケテ撰ブ所ナリ。

僭竊 臣下ノ身分ニテ爲ス可
ラザル事ヲ爲スヲ云フ。

ナラヌ事
ヲ云フ。

鷗鳴犬吠 鷗馬ハ鳴キ犬ハ吠ユ聲
ヲ出ダセバ談話ノ相手ニ

三略 六韜三略トテ、
兵書ノ名ナリ。

第三十五課　太陽系

太陽ニハ常ニ其周圍ヲ運轉スル所ノ數多ノ遊星附屬セリ、其遊星

ノ大小ハ甚ダ相均シカラズ、太陽ヲ距ルノ遠近モ亦甚ダ懸隔セリ。

而シテ其最モ大ナル者ハ個アリ我地球ノ如キモ固ヨリ其中ノ一

ニ居ル。今其名ヲ示サンニ、太陽ニ最モ近キ者ヲ先トシ次第ニ其遠

行ヒ、塾ヲ開キ、生徒ヲ教授ス信篤ニ至リ、是ヲ湯島ニ移シ其建築更

ニ宏麗ヲ加ヘタリ。時ノ将軍綱吉自ヲ大成殿ノ三字ヲ書シテ、是ヲ

其門ニ揭グシム。是ニ於テ全ク幕府ノ學校トナレリ。聖堂即チ是ナ

リ。

明暦年間、江戸大火アリテ羅山ノ家モ亦免ルベカラザルノ勢ナリ、

羅山猶書ヲ讚ミテ起タズ。巳ニシテ門人來リ報シテ曰ク巳ニ近隣

ニ延燒セリ、先生何ゾ去ラザルヤト羅山其讚ム所ノ書ヲ手ニシテ、

輙ニ乘リ、輙中猶是ヲ讚ム、別莊ニ至ルニ及ビ顏色變ゼズ讚ムコト

猶故ノ如シ。時ニ家人來リテ邸宅盡ク災ニ罹リタル事ヲ報ゼリ羅

山、乃チ銅瓦庫ハ如何ト問フ曰ク共ニ烏有ニ歸セリト銅瓦庫ハ慕

府ノ賜フ所ニシテ群書ヲ蓄ヘタル文庫ナリ、羅山是ヲ聞キ嘆ジテ

曰ク多年是ヲ積ミシニ、一朝ニ是ヲ失フ回祿何ゾ酷ナルヤト是ヨ

百二十九

ヲ聞キテ召シテ是ヲ見ル。羅山時ニ二十三ナリ。家康ノ、駿河ニ歸ルニ

及ビ、駿河ヲ經テ江戸ニ至ルベキノ命アリ。羅山因テ江戸ニ至リ、將

軍秀忠ニ謁シテ漢書及三略ヲ講ズ。是ニ於テ幕府、是ニ邸宅俸食ヲ

賜ヒテ其儒臣トナス。是ヨリ羅山大ニ寵任セラレ朝儀ヲ起シ制度

ヲ定ムルガ如キモ多クハ其手ニ出デタリ。且即位改元行幸入朝ノ禮

ヨリ外國交際ノ事ニ至ルマデ皆與リテ議セザルハナシ。年老イテ

病ニ罹ルニ及ビ、大事アル每ニ老中就キテ是ヲ謀リ、或ハ轎ニ乘リ

テ、城ニ入ルコトヲ許サレタリ。其孫信篤ニ至リテ髮ヲ蓄ヘ、士人ニ

列シ、大學頭ニ任ゼラレ子孫相繼ギテ世々幕府ノ儒臣タリ。

幕府忍岡ノ地數十步ヲ羅山ニ賜ヒテ、別莊トナサシム。是レ羅山、

此地ニ學校ヲ建テントスルノ志アリシニ由レリ。已ニシテ一堂ヲ

其別莊ニ建テ、孔子顏淵曾參子思孟子ノ像ヲ安シ始テ釋奠ノ禮ヲ

林羅山開塾ノ圖

羅山大ニ喜ビ、益其學ヲ修
メタリ。時ニ藤原惺窩ノ儒
學ニ深キヲ聞キ羅山直ニ
其門ニ入リシガ惺窩、是ヲ
一見シテ舊相識ノ如シ。嘗
テ人ニ向ヒテ云ヘルヤウ、
時輩ハ皆鹽鳴犬吠ナリ。獨
信勝ハ予ヲ起ス者ニシテ、
共ニ語ルベシト其推重セ
ラル、コト此ノ如シ。
慶長中家康京都ニ入リ、二
條城ニ居ル時ニ羅山ノ名

百二十七

年八歳ナリシガ父ノ側ニアリテ、是ヲ聞キ、數十葉ヲ諳誦セリ。ソレ

ヨリ羅山ハ國字ヲ解シテ、小説ヲ讀ミ、且略、漢籍ニモ通ズ。年十四ニ

シテ建仁寺ニ寓シテ、書ヲ讀ミシガ、僧徒皆羅山ニ就キテ字ヲ問フ。

僧徒其才ニ服シ佛門ニ入ラン事ヲ勸ムレ𪜈羅山是ヲ肯ズルノ色

ナシ、僧徒又人ヲシテ其父信時ニ強フレ𪜈信時モ羅山ノ意ニ任セ

テ是ヲ強フル事ナシ、羅山因テ直ニ家ニ歸リ、再ビ寺門ニ入ラザリ

シトゾ。

羅山年十八ニシテ、始テ朱子集註ヲ讀ミ、遂ニ其徒ヲ集メテ是ヲ講

ズ。船橋三位是ヲ聞キ奏シテ云ヘルヤウ、古ヨリ學ヲ講ズルハ明經

博士ノ職ニシテ朝廷已ニ其人アリ。今信勝ハ匹夫ノ身ニシテ、朱子

ノ學ヲ唱フ、是レ僧竊ノ甚シキ者ナレバ請フ是ヲ督責セント。德川

家康羅山ヲ見ル所アリト爲シ、遂ニ是ヲ咎ムルコトナカリシカバ、

ル者ヲセメテハ漢ノ文帝ガ節倹ナリシ爲メ、天下豐ニ人々其所ヲ得

テ安堵ナリシ事ヲ鑒ミテ、自ヲ其品行ヲ愼ム可キナリ。

又士庶人ノ狹キ家ニテモ、其分ニ從テ倹約ヲ守レバ親戚朋友ノ艱

難ヲ助ケ、子孫ニ學問藝術ヲ教フルモ難キニアラズ。但シ節倹ト奢

侈トヲ混同スル事アリ、其區別ヲ能々辨ヘザル可ヲ不ズ。今夫レ上タ

ル人奢ナレバ諸人服從スルコト無ク下タル人モ親戚朋友ト睦

シカラズシテ人倫ノ義理ヲ缺クコト多カル可シト。

第三十四課　林羅山ノ傳

林羅山ハ京都ノ人ナリ、通稱ヲ又三郎ト云ヒ、名ハ信勝、號ハ羅山ト

云フ。後德川氏ニ仕フルニ及ビ、髪ヲ剃リテ道春ト改メタリ、其幼時、

父信時ノタメニ甲斐德本ト云フ者來リテ、太平記ヲ讀ム、羅山時ニ

第三十三課　儉約ノ戒

德川光圀常ニ云ク、天下國家ノ君主ヨリ、士庶人ニ至ルマデ、儉約ヲ
第一ノ德トス今ヤ天下久シク治平ニシテ、人々知ラズ識ラズ、衣服、
馬鞍腰刀ノ飾ヨリ、萬般ノ器物食物家作等ニ至ルマデ、男女トモ奢
侈ニ趣キタルガ故ニ、其國用家費足ラザルニ至レリ、是レ或ハ上タ
ル人ノ心ヲ用ヒズシテ、只榮華ヲノミ事トシ給フヨリ、其風俗自ラ
下ニ及ビタルナラン、剩ヘ諂諛ノ進獻ニ美ヲ盡シ猶其執事近習ノ
輩ニ至ルマデモ、各美物ヲ與ヘテ其莙ノ塵ヲ拂フ此風習、一度行ハ
レテヨリ、天下益窮困スルニ至レリ況ヤ土木ノ工事ヲ好ミ給フ代
ニハ諸國ノ助ケヲ乞ハヽ、ニ由リ、國主ハ萬金ヲ費ヤスコトアル
可シ國主困窮スルトキハ其士農工商ヲ虐ゲテ一國ノ困窮トナル
ニ於テヲヤ治平久シク續クトキハ何レノ世モ皆此ノ如シ人主タ

（Orange）黄（Yellow）線（Green）青（Blue）藍（Indigo）ヲ經テ他ノ一端桔梗色（Violet）ニ終

ハルナリ。

斯ク白光ノ分レテ數色ノ線ヲ爲スハ、如何ト云フニ若シ三稜玻璃

ノ、光線ヲ屈折スルノ度、各種同一樣ナランニハ、只方向ノ異ナル

ミニシテ、前ノ如ク二一ノ白光點ヲ見ルナランニ然ルニ光ノ三稜玻

璃ヲ通過スルニ當リ諸線ノ屈折一樣ナラズ其色、異ナルニ從テ、屈

折スルノ度、各相同シカラズ斯ク三稜玻璃ノ作用ニ由テ、光ノ諸線

ヲ分ツト雖モ若シ戶孔廣カランニハ、一線ノ占ムベキ地位他線ノ

地位ト相重ナリ、映ズル所ノ彩影モ、互ニ相混合シテ、分明ニ是ヲ見

ルコト能ハザル可シ。故ニ此類ノ試驗ヲナスニハ、能ク注意シテ窓

戶ノ孔ヲ細小ニ穿ツベキナリ。

百二十三

是ニ反對スル者ナリ。

茲ニ三稜玻璃ト云ヘル三面柱狀ノ玻璃アリ。今是ヲ取リテ暗室ニ入リ其室ノ窓戶ニ一小孔ヲ穿チ、日光ヲ此小孔ニ容レ其光線ヲシテODノ方向ヲ以テ、AB面ヲ射サシムルトキハ、D點ニ於テ點線ヲ以テ示シタル垂直線ニ近寄リテ、DKノ方向ニ進ミ、K點ニ於テAC面ヲ出ヅルトキハ、K點ノ垂直線ヨリ遠ザカリテ、KHノ方向ニ進ムコトヲ見ルベシ。

右ノ如ク光線ガ三稜玻璃ヲ通過シテ屈折スル者ヲ白紙上ニ映ゼシムレバ前ニハ日光ヲ容ル窓孔ト同大ノ白光點ナリシ者今ハ變シテ七色ノ長方形ヲ成スヲ見ル可シ。此長方形ヲ名ヅケテ彩影Spectrumト云フ其長方形ノ一端ハ紅(Red)ヲ以テ起リ、次ヲ逐ヒテ橙

百二十二

凡ソ光線ハ其通過スル所ノ物ニシテ、疎密相同シケレバ、直線ニ進
行スル者ナリ、然レモ其疎密ノ異ナル物ニ過フトキハ此ヨリ出デ
テ彼ニ移ルノ際其一分ハ、反射シテ後ニ還リ、他ノ一分ハ、直ニ進行
スレモ其方向ハ前ト相同シカラズ是ヲ光線ノ屈折ト云フナリ。

今左ノ圖ニ示スABヲ、玻璃或ハ水ノ面トシ、又CAハ空氣中ヲ進
行シ來レル光線ニシテ、A點ニ落下スルモノトシ、
KLハ、ABノ面ニ於テ是ト直角ヲ爲ス所ノ一線
トナス可シ然ルトキハ光線ガ空氣ノ如キ疎境ヨ
リ、玻璃若クハ水ノ如キ密境ニ進入スルトキ、AL
ノ方向ヲ取ラズ必ズ屈折シテ、ALノ方向ヲ取ル
者ナリ。DBノ光線ニ於ケルモ亦是ニ同シ然レモ
此線若シ密境ヨリ進ミテ疎境ニ入ルトキハ必ズ

ハ園内ヲ遊遨シ或ハ園内ニ坐シテ、咖啡、氷ナドヲ飲ミテ熱サヲ忘

ル又伯林ノ近傍ニ美麗ナル植物園アリ園内ノ樹木ハ二萬種ニ過

ギタリ。

伯林ノ大學校ハ日耳曼諸大學校中ニテ最モ新シキ者ノ一ニシテ、

千八百十年ニ創テ造レルナリ目今學生ハ三千人餘アリテ其中ニ

ハ法律ヲ研究スル者多シ又ローヤルライブラリー Royal-library ト云

ヘル圖書館ニハ凡ソ五十餘萬册ノ藏書アリ伯林ハ鐵ノ細工ニ功

ニシテ又種々ノ美麗ナル磁器ヲモ製造ス伯林ハ殆ド歐羅巴大陸

ノ中央ヲ領スルニヨリ今ヨリ日耳曼及其富強ナル鄰國ノ盛大ニ

ナリ行クニ從ヒ、益盛大ニナルベキ有樣アリ。

第三十二課　光線ノ屈折

校ノ設アリ又公立圖書館二十七個ヲ設ケテ、何人ニテモ入館シテ、

圖書ヲ看ルコトヲ得シム府内ノ人民ハ製造ト美術ト政談トニ從

事シテ、其氣力、精神兩ナガラヲ活動シテ止ム時ナキニ府内ニハ又斯

ル人民ノ外ニ、沈靜ニシテ動カザル英雄ノ肖像許多アリテ、中ニモ

最モ美麗ナルハ、フレデリッキ大王ガ、馬ニ騎レル肖像ナリ。サテ普

魯士ノ國ハ戰爭ニヨリテ建チ、戰爭ニヨリテ強大ニナリタル者ニ

シテ、實ニ武ヲ以テ立チタル國ト云フベシ。サレバ伯林ニ來ル

人ハ觀ル物ゴトニ往昔ノ戰爭ト武威トヲ回想セザルハナシ。然レ

ㇳ伯林ニハ城牆堡砦ノ設ナク只尋常ノ石壁ヲ繞セルノミゾハ田

舍ヨリ府内ニ輸入スル物産ニ稅ヲ課スル爲ニ設ケタルナリ。

伯林ノ中央ニ當リテ、チールガルテン Thiergarten ト云ヘル廣大ニシ

テ雅趣多キ動物園アリ府民ハ夏タニハ妻子ヲ攜ヘテ此ニ來リ或

百十九

行ノタメニセリ、此街道ノ
兩側ニハ、宮殿、大學校戲場、
藝術學校、外國公使館ナド、
種々ノ大厦高樓建チ並ビ、
又美麗ナル旅館廣大ナル
舗店等アリテ街道ノ美景
ナルガ上ニ更ニ美景ヲ添
フルモノ多シ。
伯林ニハ、大學校ノ外ニ、理
學校、美術學校、工學校、建築
學校、美術學校、工學校、建築
學校、陸軍兵學校、宏壯ナル
文學校其他數多ノ初等學

百七十八

伯林大學校

ヲ遮ルベキ山脈ノナキガ故ナリ、伯林ノ土地氣候ハ斯クマデ艮カ

ラネド、今ハ大陸都府中ニテ最モ美麗ニ最モ廣大ナル都府ノ一ト

ナリタルハ專ラ府民ノ出精ト忍耐トニ由リテナリ又伯林ハ歐羅

巴ノ大陸ヲ經テ四方ニ分ル、鐵道ノ中心ニ在ルニヨリ近年俄ニ

富饒トナリ、人口モ亦增殖シテ目今ニ至リテハ、五百個ノ街道四十

個ノ小公園三十個ノ橋梁アリ。

府內ニテ最モ廣クシテ、且最モ美ナル街道ヲウンテルデンリンデ

ン Unter den linden ト云フ此街道ハ尋常ノ街道ヲ五ッ並ベタルホドノ

廣サアリテ、菩提樹栗樹白楊樹金合歡芭蕉等ヲ四行ニ植ヱ並ベ此

樹木ノ並列セル間ニ四條ノ道路ヲ開ケリ但シ此四條ノ道路ノ內、

二條ハ、馬車ノ通行ノタメニシ他ノ二條ハ騎者ノ通行ノタメニシ、

又中央ノ一條ハ幅ノ廣ク、木蔭ノ多キ遊步場ニシテ徒步ノ人ノ通

日耳曼帝國ノ首府タル伯林 Berlin ハ、スプレー Spree 河ノ邊ニ在リ。ス

プレー河ハ、エルベ Elbe 河ノ支流ナル ハーヴェル Havel 河ニ流レ落ツ

ル小河ナリ、此伯林ハ、砂礫多ク、平原ニシテ潤ナキ土地ナレバ塵埃

常ニ多シ、又其土地ハ、平坦ナルコト砥ノ如クナレバ其水ヲ落スコ

ト頗ル難シ、伯林ハ、中古ノ頃マデハ僅ニ一小村落ニ過ギズシテ其

人民ハ、スプレー河ノ島々ニ出デ、漁業ノミ營ミシガ、其後國王フ

レデリッキ Frederick 大王ノ殂セシ頃ヨリ府内ノ人口、大ニ増加シテ、

十五萬五千トナリ、猶次第ニ増加シテ目今ニ至リテハ殆ド一百萬

トナレリトゾ。

伯林ノ氣候ハ、寒暑其ニ烈シ、ハ夏ノ暑サノ甚シキコトハ、堅クシ

テ、乾キタル土地ヨリ温熱ヲ反射スルガ故ニテ、冬ノ寒サノ嚴ナル

コトハ、寒冷ナル東北ノ風、北冰洋ヨリシテ、市街ニ吹キ附クルニ是

百十六

原ノ役ニ、其死ヲ致スニ至レリ。且三成ハ、豪胆ニシテ、死ニ臨ムマデ、

苟モセザル所アリ。關原ノ役敗レテ、田中吉政ノ手ニ捕ヘラル、三成

及ビ、吉政其舊誼アルヲ以テ、厚ク是ヲ待遇シ、食ヲ進メシカ圧、三成

ハ、速ニ死センコトヲ冀ヒテ、敢テ食ハズ、再三勸ムルニ及ビ、近頃腹

加減アシキトテ、雜炊ヲ乞ヒテ、是ヲ喫シタリ。其刑場ニ赴ク途中ニ

在リテ警固ノ者ニ向ヒ、渇ヲ止メントテ、一杯ノ湯ヲ乞ヒケルニ、近

邊ニ於テ湯ヲ求ムルコト能ハザリシカバ、甘乾柿ヲ取リ來リ、是ニ

テ渇ヲ止ムベシトテ與ヘケレ圧、余ハ、痰ノ持病アリ柿ハ是ガ禁忌

ナリト云ヒテ、終ニ喫セザリシト云フ。亦以テ其操持スル所ヲ見ル

ニ足ルベキナリ。

第三十一課　伯林

取リ、一日ニシテ是ヲ他人ニ與フルハ何ゾヤ。今天下ノ勇將ハ、殿下ノ恩ヲ彼ラザル若ナシ。嗣君ヲ輔クルニ何ノ難キ事カアラント秀吉聽カズ、更ニ五人ノ老職ヲ置キテ家康ヲ其首ト爲シタリ。是ヨリ三成等、家康ノ威權ヲ嫉ミ、遂ニ關原ノ戰ニ敗北シテ其身ヲ失フニ至レリ。

三成、自ヲ其力ヲ量ラズシテ德川家康ニ抗シ、一敗地ニ塗レシカバ、後世其過失ヲ論ジテ、一概ニ非斥スル者甚ダ多シト雖モ、畢竟德川氏ノ盛世ニ方リテ、是ガ事蹟ヲ傳フル者、唯其惡シキ處ヲ擧ゲテ善キ處ヲ蔽ヒシガ如シ。三成嘗テ經濟ヲ論ジ、士ハ我行高ヲ餘サントスルモ又不足ニスルモ愚ナリ。宜シク一杯ニ仕ヒ切ルベシト云ヒテ平生財物ヲ客マズ、名士ヲ招致セシカバ、島左近蒲生備中、舞兵庫、土田東雲ノ如キ世ニ聞エタル勇士ト雖モ喜ビテ三成ニ事ヘ關

是ヨリ佐吉、秀吉ノ左右ニ給事シ、一トシテ其心ニ適ハザルハナシ。

嘗テ秀吉ニ諭フニ宇治川ト淀川トノ兩岸ニ生ズル荻葦ヲ賜ハラ
ン事ヲ以テス。秀吉其諭ヲ奇トシテ是ヲ許シ、二、佐吉、大ニ喜ビ毎
月ノ課銀ヲ定メテ是ヲ納ム。其後軍ヲ出ダシ、時ニ旌旗馬標トモ嘗
テ見ザル所ノ者アリシカバ、秀吉、人ヲ遣リテ是ヲ問ハシムルニ即
チ佐吉ナリ。秀吉其材幹ノ大ニ用フベキヲ知リ、衆ニ超エテ是ヲ抜
擢ス。

秀吉關白ノ職ニ登リ、奉行職ヲ置クニ及ビテ、佐吉ヲ糧デ、其一人
ト爲シ治部少輔ニ任ズ其以前ハ名ヲ宗成ト云ヒシガ更ニ三成ト
改ム後遂ニ佐和山ノ城主トナリ、食邑十八萬六千石ヲ賜フ。

秀吉薨ズルニ臨ミ德川家康ヲ召シテ後事ヲ託シ更ニ三成ト増田
長盛トヲ召シテ此事ヲ告グ。二人諫メテ曰ク、殿下百戰シテ天下ヲ

百十三

好ト力トニ適スル所ヲ以テ是ヲ定ムベシ斯ノ如クシテ、奮發勉強
スルトキハ何ノ職業ト雖モ繁昌セザルコトナカルベシ。

第三十課　石田三成ノ傳

石田三成ハ近江ノ人ニテ、幼名ヲ佐吉ト云フ初メ書ヲ観音寺ニ學
ビシガ、一日羽柴秀吉其近郊ニ放鷹セシニ渇シテ飲ヲ欲ス因テ観
音寺ニ入リテ茶ヲ乞ヒシカバ、佐吉、直ニ巨碗ニ微温ノ茶ヲ汲ミ、七
八分ヲ盛リテ進ム秀吉一喫シテ是ヲ盡シ更ニ一碗ヲ請フ佐吉乃
チ半分ヲ盛リ、少シク煖ニシテ進ム秀吉飲ミ畢ハリテ又請ヒシカ
バ、佐吉更ニ濃厚ノ茶ヲ小碗ニ盛リ、極メテ熱シテ是ヲ進ム秀吉其
怜悧ナルヲ察シ直ニ寺僧ニ請ヒテ伴ヒ歸リ、是ヲ近侍トナス佐吉
時ニ年十三ナリ。

競争ス。故ニ所有主ハ過分ノ賃銀ヲ出ダシテ、農夫ヲ雇ハザルベカラズ是ニ反シテ、農夫多クシテ、勞役ヲ需ムル者少キトキハ賃銀ノ低落スルコト必然ノ勢ナリ。

職業ヲ擇ブニハ唯同業ノ競爭者少キモノヲ取レバ可ナリヤト云フニ、猶他ニ考フベキ事アリ即チ我職業ニ向ヒテ、世人ノ需要スル所多キカ少キカト云フコト是ナリ若シモ夏日ニ煖爐ヲ賣リ、冬日、二團扇ヲ賣ルガ如キ事アランカ是レ商賣ニ迂濶ナルノ限リト謂フベシ又其職業ハ己ノ力ト嗜好トニ適セリヤ否ヤヲ思慮セザルベカラズ凡ソ如何ナル職業ニテモ其好ム所ニ秀ヅルモノアルハ、當然ノ事ナリ諺ニ好キコソ物ノ上手ナレト云ヘルハ、是等ノ事ヲ云フ者ナルベシ。

故ニ職業ヲ選バンニハ同業ノ競爭少クシテ需要多ク且自己ノ嗜

り、或ハ農夫トナリ或ハ工人トナリ又ハ商人トナランニモ、其職業

ヲ選ブニ於テ輕忽ナカラシメントスルノ趣旨ナリ、苟モ一業ヲ執

り、一事ヲ營マントセバ先ヅ世間ニ我ト職業ヲ同ジクスルモノ幾

許アルカ又我職業ニ對スル需要ハ、如何ナルカヲ思考セザルベカ

ラズ若シ同業者、我ト競爭スルモノ多クシテ需要少キトキハ、其

方向ヲ他ニ轉ゼザルベカラズ、既ニ一ノ職業ヲ選ビ定ムレバ身心

ヲ專ラニシテ勉強シ他人ノ行ヒ難キ事ニテモ、敢テ踟躕スルコト

勿レ、如何ナル競爭ト雖モ、勉強ニハ敵セザルベシ。

人ノ世ニ立チテ、生計ヲ營ムノ要ハ職業ノ選擇ヨリ大切ナルハ無

シ、彼穀物收穫ノ時ニ當リ、農夫少キトキハ、田畑ヲ所有スル人々四

方ニ奔走シテ、時ニ屆ハザルベカラズ、是ヲ勞力ノ供給少クシテ其

需要多シト云フナリ、此時ニハ農夫競爭セズシテ、田畑所有主ノミ

大小トナク預り知ラザルハナシ又仁政良法ヲ施設シテ當時能ク

及ブ者ナシト云フ曾テ費拉特費ニ奴隸賣買攻擊會トイフ一社ヲ

建テ、其長トナリ奴隸廢止案ヲ議院ニ提出スルニ及ビ其書ニ捺

印シタリ是レ則チ其公衆ニ盡シタル最後ノ務ナリト云ヘリ。

フランクリンハ八十四歲ノ高齡ニ昇リ西曆千七百九十年ニ死去

セリ其訃音ヲ聞キテ、全國悲悼セザル者ナシピミラボーMirabeauト云

フ人ハ此時佛蘭西ノ國會議長ナリシガ其國會ニ建言シテ佛蘭西

ニテモ是ガ爲ニ三日間袖ニ黑布ヲ纏シテ、弔禮ヲ行フベシト云ヒ

シニ採可セラレタリトゾ。

第二十九課　職業ノ選擇

吾等ガ、今說キ示サントスル所ノモノハ、人々ヲシテ各其職業ヲ執

既ニシテ雲降リ雷鳴ルニ從テ、電氣ハ紙鳶ノ絲ヲ傳ハリ來リシ

テ其絲ニ附ケタル鍵ニ手ヲ觸レシニ、鍵ヨリ火花ヲ發シテ指ニ通

シケレバ愛ニ始テ電氣ナルコトヲ證シ得タリ是ヨリ今日世上一

般ニ用フル避雷針ヲ創造スルニ至リタレバ之ガ爲ニフランクリ

ンノ名ハ米國ノミナラズ遠ク歐羅巴マデモ知ラレ丶ニ至レリト

ゾ。

其後フランクリンハ、公務ニテ英吉利ニ使ヒシ、革命ノ戰爭起ルマ

デ彼國ニ駐在セリ尋デ本國ニ歸リテ獨立ノ檄文ヲ起草シテ是ニ

捺印スルノ人數ニ列シタリ次ニ又使命ヲ帶ビテ佛蘭西ニ至リ其

國ト締約スルコトニ助力シ其約成ルニ及ビテ大ニ米國ノ獨立ヲ

鞏固ナラシメタリ。

フランクリンハ其人トナリ剛毅明敏ニシテ、公義ニ勇ミ國家ノ事、

フランクリンハ、初メ同輩ノ一少年ト共ニ資本ナクシテ、商業ニ着
手シタリ然ルニ一友ニ街上ニ逢ヒケルニ其友人ハ、フランクリン
ニ授クルニ五シルリングノ給料ヲ得ベキ業ヲ以テセシカバ辛ウ
シテ糊口ノ道ヲ得タリ其後ニ至リ彼一少年ト力ヲ合ハセテリチ
ヤード Richard 貧困日記ト題スル書ヲ發兒セシニ、大ニ世上ニ行ハ
レタリ又ニ又襯布墨汁石鹸羽毛及咖啡等ノ如キ小間物ヲ販賣シ
タリ。

フランクリンハ學術ノ大家ニシテ、殊ニ電氣ノ學ニ長ジ雷電ト電
氣トハ同一ナリトノ説ヲ立テ是ヲ雜誌ニ載セシニ、人讀ミテ荒唐
ノ論ナリト云ヘリ フランクリン因テ是ヲ證明セント欲シテ絹ノ
手巾ニテ大ナル紙鳶ヲ作リ尖リタル金線ノ切片ヲ骨ニ附シ然ル
後、雷鳴ノ日ヲ待チテ紙鳶ヲ放チタリ。

百七

電氣ニ撃タレタル時ハ、速ニ其頭上ニ冷水ヲ注ゲバ其生命ヲ救ヒ

得ルコトモアルベシ若シ其手足已ニ麻痺スルトキハ、全身ヲ冷水

中ニ浸ス可シ又電氣ノ人體ヲ通過シタル方ヲ知ラントニハ其遺骸

ヲ撿査ス可シ即チ電氣ノ通ジタル所ハ其肉色必ズ濃青色ニ變ズ

ル者ナリ.

第二十八課　フランクリンノ傳

亞米利加合衆國ノ獨立ニ大ニ力ヲ盡シタル一人ハ姓ヲフランク

リン Franklin ト云ヒ名ヲベンジヤミン Benjamin ト稱ス。一千七百六年、

ボストン

波士敦ニ生レ貧困ナル蠟燭商ノ子ナリ、小童タル時印刷ノ業ヲ學

ヒヽ十七歳ニ及ビデ家ヲ去リテ費拉特費ニ至リ、自力ニテ生業ヲ營

ミ居タリし

ヨリ暫クアリテ、雷鳴ヲ聞ク時ハ、其聲ハ殊ニ烈シクトモ、危キコト
無シ。然レドモ頭上ニ、雷鳴スルトキ、樹下ニ立ツハ、甚ダ危キコトナレ
バ、必ズ二三間遠ザカルガ宜シキナリ。若シ他ニ樹木ナクシテ、一幹
ノミナラバ、更ニ遠ザカルベシ。其ウヘ枝垂リテ地上ノ物ニ觸ル、
トキハ、電氣ヲ導キ易ケレバ、殊ニ注意スベキ事ナリ。況ヤ人體ハ樹
木ヨリハ、更ニ能ク電氣ヲ導ク者ナルヲ。

雷鳴ヲ恐ルヽ人ハ、雷雨中ニ窓戸ヲ開クモ閉ヅルモアレド、是レ皆
效驗ナク、二階三階モ亦安全ナラズ。只最下層ノ廣堂ノ中央ニ坐ス
ルコト、最モ安全ナリ。又雷雨ノ時ニ、金屬ニ近ヅキ居ルハ、殊ニ危キ
事ナリ。サレバ或ル村落ニテ、雷雨ニハ、必ズ警鐘ヲ鳴ラス習ハシナ
リシガ、或ル時ニ、二人ノ壯夫、雷雨中ニ鐘ヲ撞キテ居タリシニ、二人ト
モニ、忽チ雷ニ撃タレテ、即死セシコトアリトゾ。

百五

スル閃光ヲ云フ。雲間ヲ過グル電氣ハ固ヨリ人畜ニ害ナシト雖モ、

地上ニ至ル電氣ハ其害少カラズ。ソハ電氣ノ通路ニ樹木、家屋、人畜

等アレバ、速ニソレニ傳ハリテ、地ニ至ラントスルガ故ナリ。サテ電

氣ヲ自由ニ傳アル物ヲ電氣ノ良導體ト云ヒ、是ニ反スル者ヲ不良

導體ト云フ。金屬、水等ハ良導體ニシテ材木、硝子、空氣等ハ不良導體

ナリ。

大廈高屋ニハ、豫メ落雷ノ災ヲ防ガンガ爲ニ、金屬ノ細柱ヲ屋上ニ

立テタルモノ多シ是ヲ避雷針ト云フ。避雷針ハ其本ヲ地中ニ深ク

埋ミ其末ヲ尖銳ニシテ、屋上ヨリ高キコト數尺ナルヲ常トス。サテ

避雷針ヲ立ツル家ノ落雷ノ害ヲ免ルベキハ、避雷針ハ直ニ電氣ヲ、

地下ニ通ズル媒ヲ爲ス者ナレバナリ。

電光ト雷鳴ト同時ナルハ、殊ニ畏ルベキ事ナリ。サレバ電光ヲ見シ

電氣ハ斯ク有用ナルモノナレ𛂦、只恐ルベキハ、時々雲間ニ重積シ、

雷トナリテ落チ來リ、木ヲ裂キ家ヲ燒キ、人ヲ殺ス等ノ事ヲナスナ

リ・サレ𛂦、今ハ、是ヲ防グノ方法、自ヲ備ハリテ更ニ憂フベキ事ニア

ラズ。

電氣ニハ二樣ノ作用アリテ、陽ノ電氣、陰ノ電氣ト名ツク。陰ノ電氣

ハ、陽ノ電氣ヲ引キ、陽ノ電氣ハ、陰ノ電氣ヲ引キテ、互ニ相合フナリ。

其時ニ、火花ヲ放チ聲ヲ發スベシ。若シ、此事空氣ノ上方ニテ起ルト

キハ、其火花ヲ電光ト云ヒ、其聲ヲ雷鳴トハ云フナリ。雷ト電光ニ

就テハ猶他ニ學ブベキコト多シ。次課ニ於テ更ニ是ヲ記述スベシ。

第二十七課　電光

電光トハ、電氣ノ雲ヨリ雲ニ傳ハリ、又ハ雲ヨリ地ニ至ルトキ、發出

チ棒ニ飛ビ付クベシ是ヲ暗處ニテ見レバ、火花ヲ放ッコトアリ。今

吾等ノ一人ガ玻璃ノ臺ニ上リ、他ノ一人ガ床上ニ立チ猫ノ皮ニテ、

其人ノ頭上ヲ幾度トナク打チタル後ニ拳ヲ鼻ノ邊ニ出ダセバ、忽

ト鼻トノ間ニ忽チ火花ヲ放ッベシ此火花ノ模樣ハ電光ニ異ナル

コトナシ。

虎ノ如ク勇猛ニ象ノ如ク巨大ナル動物ニテモ、能ク其性質ヲ知ル

トキハ、是ヲ馴ラシテ、自由自在ニ驅役スルコトヲ得ベシ電氣ノ如

キモ亦然リ能ク其性質ヲ研究シテ、是ヲ馴ラストキハ種々ノ大業

ヲ爲シ得ベキコト、必然ナリ其例ヲ舉グルニ數千里ノ道路ヲ瞬間

ニ走ル所ノ早飛脚トモナリ車ヲ運轉スル人夫トモナリ數百里外

ノ人ト談話ヲ爲シ得ベキロトモナリ夜間道路ヲ白晝ノ如クニ輝

カス太陽トモナル如キ即チ是ナリ。

キ物ヲ吸引スル力アルコトヲ知レリ。其後、六百年ヲ經テ羅馬ノブ

リニー Pliny ト云ヘル人ノ著書中ニ摺ノ摩擦ガ、熱ト生命トヲ琥珀

ニ與フレバ琥珀ハ、忽チ磁石ガ鐵ヲ吸引スル如クニ藁ナドヲ引ク

ノ力アル事ヲ記述セリ。

古人ガ琥珀ニ就テ知リタルハ此二事ニ止レリ。サレビ今ヨリ凡ソ

三百年前ニ英吉利ノ女王エリサベス Elizabeth ノ侍醫ナルギルベル

ト Gilbert ハ、琥珀ノ性質ニ注意シテ種々ノ試驗ヲナシタリ。而シテ斯

ル性質ヲ具フルモノハ琥珀ノミニアラズ硫黄蠟、玻璃ノ如キモ、プ

ランネル Flannel 若クハ猫皮ニテ摩擦スレバ輕キ物ヲ引ク力アル

コトヲ發見セリ。此引クカヲ、エレキ即チ電氣トハ稱スルナリ。

吾等ガ、今玻璃若クハ封蠟ノ棒ヲ手ニ持チ、ブランネル猫皮ナドニ

テ是ヲ摩擦シ、然ル後烟草ノ粉ノ上ニ、其棒ヲ出ダストキハ粉ハ、忽

百一

リ、是ヲ職工ニ貸シ與ヘ、家賃ヲ取リテ住居セサセ、又賃銀ノ中ヨリ

少シヅ、ノ金ヲ引キ去リテ預リ置キ、數年ノ後ニハ此金ノ積レル

ニ因テ、一軒ノ主人トナルベキナリ、サレバ初ハ狐狸ノ住マヒシツ

ベキ荒野ナリシモ、次第ニ開ケ行キ、長屋住マヒノ職工ガ、一家ノ主

人トナル頃ニハ、已ニ繁華ノ一市街ト成リヌベシ、此法、一タビ行

ハレテヨリ職工ノ有樣、大ニ改マリタリト云ヘリ、斯ク政府ニテ工

業ノ事ニ厚ク意ヲ用ヒタレバ、遂ニハ歐羅巴第一等ノ工業地トハ

ナリシナリ.

第二十六課　電氣

今ヲ距ルコト二千五百餘年ノ古代ニ、希臘ノ哲學者テーリーズ

Thalesト云ヘル人ハ、琥珀ヲ絹ニテ摩擦スレバ、羽若クハ葉ノ如キ輕

佛蘭西ノ工業ノ斯ク盛大ナルニ至リシハ固ヨリ一朝ノ事ニアラズ。今其故ヲ云ハンニ何レノ國ニテモ職工ノ有様ハ衰レニ貧シキモノニテ其日ダニ送リナバ足レリト思ヘル樣ニテ知識ヲ開キ子孫ヲ養育スルナド云フ事ハ心ニモ留メヌ者多シ然ルニ佛蘭西ニテハ其知識ヲ開カントテ巴黎ニコンセルワトワー Conservatoire ノ常博覽會ヲ設ケ農工業ノ器械ハ何クレトナク集メ置キ學士ニ諸藝術ノ講義ヲ爲サシメテ職工ノ有様ヲ改メント謀リ又職工街ヲ設クルノ方法ヲ定メテ子孫永續ノ基ヲ立テシム此法ハ第三世拿勒翁ノ定メシモノニテ巴黎ノビットショーモン Butte Chaumont ト云ヘル公園ノ周リニ立チ並ビタル職工街ハ是ガ爲ニ出デ來リシナリ。其法ハ會社製造人ナドニテ其職工ノ永續ヲ圖リ先ヅ荒レ地ヲ見定メテ製造所ヲ建ツ其時ニ近邊ノ街路ヲ割リテ數多ノ長屋ヲ作

密ナラネド、流行ニツレテ織リ出ダスニヨリ、其需用殊ニ多ク、一年
ニ凡ツ羊毛三億二千萬磅ヲ織リ出ダスト云フ。木綿ノ織物モ、歐羅
巴中ノ第一等ヲ占メタリシガ、**アルサス** Alsace ノ地ヲ獨逸ニ取ラレ
シヨリ、聊カ其名ヲ落シタリ。麻ノ紡織ハ西北部ニ多クノ、**カレイ** Calais

ノ**レース** Lace モ、亦有名ナリ。其外、金銀銅ノ細工寶石ノ細工時計、玻
璃鏡、香匳ノ具、學術用ノ器械ニ至ルマデ何レモ精巧ナラヌハナシ。
又彫刻モ油畫モ以太利ニ劣ヲヌ手際ニテ、船舶ノ製造鐵砲ノ鑄造、
家屋ノ建築橋梁ノ工事ナドモ英國人ノ下ニ、アリトハ覺エズ、サレ
バ全國ノ人口三千八百餘萬人ノ中ニテ、其三分ノ一ハ工業ニ從事
スル者ニテ、男女合ハセテ一千九十餘萬人ニ及ブト云ヘリ。斯ク工
業ノ盛ナルヨリ世ノ人ハ巴黎ヲ以テ世界工産物ノ市場ト云ヘル
ハ、サル事ナリケリ。

テ國ノ名譽ヲ揚グタル珍寶ナレバトテ利益ノ有無ヲ問ハズ殊更ニ政府ニテ維持スルナリ。

又ゴブランノ製造塲モ、政府ノ維持スルモノニテ、セーン河ノ北岸ニ建テタリ。ゴブラントハ羊毛ノ絲ニテ織リ成セル文錦ノ名ニシテ其織紋ニ種々ノ油繪樣ノモノヲ織リ出セリ。王公貴人又ハ富豪ノ家ナドニテハ是ヲ額ニ張リ或ハ壁ナドニ張リテ飾リトナセリ。

數間ヲ隔テ、此額ヲ觀レバ眞ノ油繪ト見マガフバカリニテ其精美ナル事、布帛中ノ絶品ト云フ可シ。斯ル絶品ナルニヨリ、一幅ノ毛毯ヲ織リ出ダスニハ二年三年ヲ經ザレバ、成就セズ。サレバ其價モ、一幅ニテ、十萬弗又ハ二十萬弗ノモノモアリ。誠ニ驚クベキ事ナラズヤ。

羊毛ノ織物ハ此國ニテモ、有名ナル産物ニテ、英國産ノ如クニハ較

サレバ佛蘭西ノ水利ハ他國人ノ羨ム所ニテ工業ノ年ヲ逐ヒテ榮

工行クモ故アル事ゾカシ。

佛蘭西ノ製造品ハ何レモ精巧ニテ、風致アルニ因テ世ノ人々愛好

セズト云フ事ナシ、サレバニヤ歐羅巴ノ流行物ハ皆佛蘭西ヨリ始

マルト云ヘリ。其中ニテ、**ゴブラン** Gobelins ト云ヘル毛毯ト、**セーブル**

Sable ノ陶器トハ、其ニ得易カラヌ珍寶ニテ、是ヲ佛蘭西ノ二絶品ト

云フ。**セーブル**ト云フハ、小村ノ名ニテ其地ノ製造所ヨリ作リ出セ

ルガ故ニ、**セーブル**ト云フナリ。此**セーブル**ハ歐羅巴ノ陶器中ニ

テ、最モ精好ナル者ナレバ世人ノ競ヒテ珍重スルモ理ナキニアラ

ズ。サレバ一器ノ價四百弗ノ上ナルモアリ。一個ノ碗スヲ、其價四十

弗ニ及ブモアリ。又一年ニ作リ出ダス陶器ノ價ハ概ネ九十萬弗餘

ニテ、純益ハ二十八萬弗位ナリ。サレ圧此陶器ハ佛蘭西ノ工産中ニ

歐羅巴ノ中ニテ工業ノ盛ナルハ佛蘭西ヲ以テ第一トス其地ハ歐

羅巴ノ中ニテ、最モ開ケタル中央ヲ占メタレバ諸ノ貨物ガ東西ヨ

リ集マリ來ル事ハ、恰モ河水ノ海ニ流レ落ツルガ如シ國內ニハ、原

野多ケレ圧、東ト南トハ山脈打チ續キテ險峻ノ場所モ少カラズサ

レド道路ノ建築ハ、ヨク行キ居キ國道ハ二十餘條ニテ長サ二萬四

千哩縣道ハ、九十餘ニテ二萬四千哩餘アリテ何レモ政府ニテ保護

セリトゾ又郡道ト里道トハ、其地ニテ規則ヲ設ケテ修覆ス殊ニ鐵

道ハ、全國ニ敷設シ其長サハ一萬七千餘哩ニ及ベリ又河ノ流ハ數

多アレ圧長キモノトテハ甚ダ少シセーン河ハ四百三十哩、ロヲン

Rhone河ハ四百九十哩、ロアーLoire河ハ、五百七十哩アリ猶其外ニモ、

舟ノ通ズル河ハ多キガ上ニ、尚便利ヲ增サントテ處々ニ運河ヲ切

リ開キタリ其運河ノ長サヲ合ハスレバ二千三百餘哩ニ及ブトゾ。

九十五

セヲレシ後モ、桶狭間ヲ過グルゴトニ、必ズ馬ヲ下レリトゾ。是レ今

川義元ノ戰死セシ處ナレバナリ。又武田信玄ノ女性院ヲ見レバ、

必ズ座ヲ降リテ是ヲ禮セリト云フ其恭謹ニシテ禮ヲ重ズルコト、

概ネ此ノ如シ。岩淵夜話ニ依ル、

對事ヲシタル上昔ノ事ナリ。他人ニ見セヌヤウニ封

第二十五課　佛蘭西ノ工業

天産ノ物ニ種々ノ人工ヲ加ヘテ其形ヲ變ズルヲ工業ト云ヒ物産

ノ出デ來リシ處ヨリ需要スル土地ニ持チ行ク事ヲ商業ト稱スル

ナリ。サレバ工業ト商業トハ、互ニ助ケ合フ者ニテ其一方振ハザレ

バ他ノ一方モ亦盛ナル事ナカルベシ。此等ハ、ヨク心シテ見ルベキ

事ドモナリ。

是ヲ上レリ時ニ本多正信側ニ侍セシカバ、正信ニ、是ヲ讚マシメ、毎

條、善ト稱ス讚ミ終ハリテ其人ニ云ヘルヤウ、此後見ル所アラバ敢

テ憚ル所ナク是ヲ言フ可シト、其人頓首シテ退ク已ニシテ正信曰

ク、彼ノ言フ所、一モ取ルベキ事ナシ、然ルニ君ニ是ヲ褒スルハ何ゾヤ

家康曰ク、彼ノ言フ所ニシテ可ナレバ是ヲ用ヒ、不可ナレバ是ヲ取

ルナキノミ、且人、自ヲ過失ヲ知ル者、殊ニ少シ、サレ圧士人ハ朋友ト

交ハルガ爲ニ其過ヲ知リ易ケレ圧、人ノ君タル者ハ朝夕、只臣下ニ

ノミ接スルニ由リ、臣下ノ者常ニ君ノ美ヲ言ヒテ、其惡ヲ言フコト

ヲ憚ル。故ニ其過ヲ知ルコト難シ、既ニ其過ヲ知ラザレバ何ニ由テ

カ是ヲ攺ムベキ、古來人君ノ諫ヲ拒ミテ、家國ヲ顚覆セシ者少カラ

ズ、我レ故ニ其志ヲ褒スルノミト。

家康ハ、人ト爲リ恭謹ナルコト、終始一ノ如シ、既ニ征夷大將軍ニ拜

九十三

是ヲ食フ其後ニ至リ家康鯉一尾ヲ失フヲ見テ其故ヲ問ヒシカバ、

番人ノ者具ニ其事實ヲ申述ベタリ家康聞キテ大ニ怒リ鈴木ヲ召

シテ是ヲ斬ラント欲シ薙刀ヲ執リテ床頭ニ立ツ鈴木是ヲ見テ顔

色常ニ異ナラズ靜ニ佩刀ヲ解キテ是ヲ地ニ投シ更ニ目ヲ張リテ、

罵リテ曰ク明公ハ人ヲ輕シデ、魚鳥ヲ重ズ斯ル勢ニテハ天下ヲ得

ンコト甚ダ覺束ナシト家康即チ刀ヲ抛チテ内ニ入リ直ニ鈴木ヲ

召シ謝シテ曰ク,吾レ能ク汝ノ意ヲ領セリ頃日吾歩卒禁ヲ犯シテ

魚鳥ヲ捕ヘシカバ將ニ是ヲ罰セントセシガ,今汝ノ忠誠ニ由テ特

ニ此輩ヲ釋ス可シト鈴木感泣シテ曰ク明公ノ直言ヲ納ル、ハ誠

ニ國家ノ福ナリト家康ノ諫ヲ納レテ是ニ從フコト概ネ此類ナリ

トゾ。

又家康ノ濱松ニ在ル時、一士人來リ謁シ懷中ヨリ封事ヲ出ダシテ、

九十二

セラル、其後二年ヲ經テ、其職ヲ辭シケレバ、詔アリテ、其子秀忠ヲシ
テ、其職ヲ襲ガシメテ、征夷大將軍トス。是ヨリ家康ハ、江戸ヲ去リテ、
駿府ノ城二住メリ。其後大坂ノ戰二豐臣氏滅ビケレバ、海内ノ事ハ、
益〻德川氏ノマ、ナリキ。

其翌年元和二年四月十七日、家康、七十五歳ニテ薨シケレバ、久能山
二葬レリ。後二日光山二改葬セシ時、朝廷ヨリ正一位太政大臣ヲ贈
ヲレ、東照大權現ト諡號アリテ、神社二崇メ、後二宮號ヲ賜フ。是レ乃
チ德川幕府ノ先祖ナリ。

第二十四課　德川家康ノ行狀

德川家康ノ岡崎二アル時、嘗テ鯉魚數尾ヲ養ヒテ賓客二備ヘタリ。
或ル日、近臣鈴木某、料理番二命ジテ、其鯉ヲ料理セシメ、僚友ト共二

ヲ除キタレバ、士民悦バヌ者トテハナカリケリ。

府吉ノ薨ズルニ及ビテ家康ハ其遺言ニヨリテ前田利家等ト共ニ、

德川家康

假ニ天下ノ政事ヲ執リ行ヒシガ、關原ノ戰後ハ、天下ヲ盡ク德川氏ニ歸服セリ。サレバ家康ハ、終ニ征夷大將軍ト爲リ、右大臣ニ進ミ、淳和、獎學兩院ノ別當、源氏ノ長者ニ補

九十

康ノ室トシテ、其見舞トシテ、毎ヲ避シケレバ、家康モ今ハ彼ガ斯ク言ヒ送ルヲ聞キ入レザランハ、餘リノ事ナリトテ、ヤガテ和睦ヲ許シ、遂ニ京師ニ上リテ、秀吉ニ謁見セリ。秀吉ハ固ヨリ微賤ヨリ成リ出デシ人ナレバ、大名ドモ、心服セザル者多ク、毎ニ是ヲ憂ヘタリシガ、此度家康ノ來レルヲ好キ機會ナリト思ヒ、諸大名ヲ聚落ノ第ニ招キシニ、家康ハ甚ダ恭シク拜シケレバ、其外ノ大名モ皆丁寧ニ秀吉ヲバ禮シケリ。

秀吉ガ、北條氏政ヲ攻ムル時ニモ、家康是ニ從ヒシガ、北條ノ滅ブルニ及ビテ、秀吉關東八個國ヲ家康ニ授ケ其歲入ハ凡ッ二百五十五萬七千石ニ至リシトゾ。夫ヨリ家康ハ江戶ニ遷リ、邸宅ヲ設ケ、市街ヲ開キ、溝渠ヲ掘リテ、運漕ヲ便利ニシタリ。又凡テノ制度ハ、北條氏ノ定メ置キタル儘ニシテ、改メズ、只其民ノ煩ヒトナルベキ者ノミ

二、秀吉ヲ攻メ亡サントシタレドモ、イヅレモ事成ラズシテ反テ其身

ヲ亡シタリ秀吉ハ亦信雄ヲモ除カントト謀リシカバ、信雄、怒リテ秀

吉ト義絶シ、家康ニ援ヲ求ム家康云フヤウ吾レ信長ノ惠ヲ受ケシ

コト少カラズ然ルニ今其子息タル人ノ斯ク其身ノ危キヲ、ダヽニ

見過グスベキニアラズトテ、小牧山ニテ秀吉ト戰ヘリ此戰ハ殆ド

一年ノ長キニ渉リ德川氏ハ屢勝チ、一萬五千ノ首級ヲモ打チ取リ

タルコトナレバ諸國ノ大名ハ傳ヘ聞キテ家康ノ方ニ心ヲ通ハス

者多カリキ秀吉足ヲ安カラザル事ト思ヒ遂ニ信雄ニ誓書ヲ贈リ

テ降參シ急ギ大坂ニ馳セ還レリ家康此事ヲ聞キ信雄ノ許ニ人ヲ

遣シテ、和議ノ整ヒシコトヲ祝シ、自ヲ軍勢ヲ整ヘテ岡崎ニ還レリ

其後秀吉關白ト爲リテ、屢和睦ヲ請ヒシカド家康ハ、少シモ受ケ引

ク氣色ナカリケレバ、秀吉ハ樣々ニ心ヲ苦シメテ、遂ニハ我妹ヲ家

八十八

其後家康信玄ト三方原ニ戰ヒテ散々ニ敗北セシガ、信玄死シテ後、

勝賴其家ヲ繼グニ及ビテ再ビ大軍ヲ起シテ、長篠ニ攻メ寄セタリ。

家康急ギ信長ニ援ヲ求メテ遂ニ勝賴ノ軍ヲ打チ敗レリ勝賴ハ又

信長家康ノ爲ニ敗軍シテ、天目山ニテ自害シ、武田氏終ニ滅ビニケ

レバ信長ハ、駿河一國ヲ家康ニ與ヘタリ。

端午　五月五日ヲ昔ハ端午ノ節ト爲ス。

元服　冠ヲ頭ニカブル儀式ニテ、成人ニナリタル祝ナリ。

第二十三課　德川家康ノ傳　二

信長ハ、勢益熾ニシテ、數多ノ國々ヲ攻メ取リシガ終ニ明智光秀ニ

弑セラレケレバ羽柴秀吉中國ヨリ軍勢ヲ引キ返シテ、光秀ヲ誅セ

リ。サレバ其勢誰トテ並ブ者ナク信長ノ子息ナル信雄信孝ヲ其

下ニ立ツ程ノ事ナレバ信孝ハ、口惜シキ事ニ思ヒ柴田勝家ト共ヤ

八十七

崎ニ歸リタリ。元康、六歳ニテ國ヲ出デ、十四年ノ間、他國ニ流寓セシ

カバ、岡崎ノ士民ハ其歸ルヲ聞キテ歡バザル者ナク、我レ先ニト出

デ迎ヘタリキ。

其後元康ハ、信長ト和睦シテ、今川氏眞ト義絶シ、家康ト改名セリ。時

ニ武田信玄、家康ト約定シテ、氏眞ヲ滅サントセシニ信玄ハ早クモ

駿河ニ打チ入リテ氏眞ヲ逐ヒ出ダシケレバ、氏眞ハ遠江ニ奔リテ、

掛川城ニ逃ゲ入リタリ。然ルニ家康亦烈シク攻メ立テケレバ、氏眞、

今ハ防グベキヤウモナクテ、遂ニ和睦ヲ乞ヒシニ因リ、家康其請ヲ

許シテ氏眞ヲ北條氏ニ送リタリ。遠江一國既ニ平定シケレバ、家康

ハ、是ヨリ濱松ニ居テ、其威名ハ、盆隱レナク遠近ニ聞エケリ。サレバ

世ニハ海道一ノ名將トゾ稱シケル。是ヨリ前キニ、家康ハ松平ト云

ヒシガ、朝廷ニ奏聞シテ、舊ノ名字ニ復シテ、德川ト云ヘリ。

外ニ、家ヲ繼グベキ人ナキニ、義元ハ、自ヲ岡崎ノ政務ヲ預リテ、竹千

代ヲバ國ニ歸サヽリキ。

或ル年ノ端午ニ、竹千代安倍河原ニ遊ビテ、子供ノ石戰ヲ觀タリシ

ガ、一方ハ百五十人ニテ、一方ハ、一倍ノ人數アリケレバ、人々爭ヒテ

衆キ方ニ就キシニ、竹千代ノミハ寡キ方ニ入リタリ。サレバ家僕ハ、

不審ニ思ヒ、如何ニト問ヒケレバ、竹千代ガ云ヘルヤウ、衆キ者ハ、衆

キヲ恃ムニ由リテ、敗北スベク、寡キ者ハ、自ヲ寡キヲ知ルニ由リテ、

勝ヲ得ベシト果シテ竹千代ノ言ヘル如クナリキ。

竹千代成長ノ後、元服シテ元信ト云ヒ、次郎三郎ト稱ス。後ニ又元康

ト改メ、藏人ト稱セリ。元信ト云フ名モ、元康ト云フ名モ、共ニ義元ノ

名ノ一字ヲ授カリシナリ。斯ク元服シタル後モ、猶國ニ歸ルコト能

ハズシテ、今川ノ許ニ居タリシガ、義元、桶狹間ニ敗死セシ後、始テ岡

八十五

地ニ限リテ殊ニ麗シキ一物アレバナリ其一物トハ何ゾヤ露ナク、

雲ナク又煙ナクシテ常ニ晴レ渡リタル青天アルコト即チ是ナリ。

第二十二課　徳川家康ノ傳　一

徳川家康ハ父ヲ松平廣忠ト云ヒテ三河國岡崎ノ領主ナリ。家康ハ、

天文十一年ニ岡崎ニテ生レ幼名ヲ竹千代ト呼ベリ。此時天下ハ、麻

ノ如クニ亂レテ、猛將ハ四方ニ威ヲ振ヒタリシガ、岡崎ノ東ノ方ニ

ハ、今川氏アリ、西ノ方ニハ織田氏アリテ孰レモ土地ナド數多領シ

テ、勢猛ナル大名ドモナルニ、岡崎ハ、其間ニ夾マレテ、土地モ隘ク勢

モ微ナリケレバ、甚ダ危ク見エタリ中ニモ織田氏ハ、次第ニ岡崎ニ

迫リケレバ、廣忠、今ハ已ムコトヲ得ズ竹千代ヲ人質トシテ、今川義

元ノ方ニ遣シ援兵ヲ求メタリ。然ルニ廣忠卒シテ後ハ竹千代ヨリ

八十四

巴黎ニハ見所多カルガ中ニ博物館モ亦其一ナリ巴黎ニハ、古物博
物學、陸軍、地理、藝術、理學等ノ博物館ヲ設ケ、學識アリテ、何事ヲカ考
索セント思フ者ハ博物館ニ往キ見料ヲ納メズシテ、是ヲ縦覽スベ
シ。又巴黎國立圖書館ニハ、其貯ヘタル書籍ノ數不列顚博物館ノ藏
書ニ倍シテ、殆ド二百萬卷アリ。サレバ此圖書館ノ書棚ヲ縦ニ並べ
續クレバ殆ド數十哩ニモ及ブベシトゾ。又府内ニハ寺院アリ官殿
アリ廣キ市場アリ病院アリ學校アリ劇場アリ。又宏壯ナル兵營ア
リ其外ノ屋宇モ一トシテ美麗ナラヌハナシ。又巴黎ノ萬國博覽會
ハ、建築ノ廣大ナルハ勿論其道ニ廣ク益アルニ由リ、其名ハ宇内
ニ嘖キタリ。
都テ此街道、枡形大道ノ勝レタル、寺院、宮殿、公廨ノ華美ナル、人民及
馬車ノ絶エ間モナク行キカヒタルナド、何事モ他ニ勝レタルハ此

固メタル噴水井アリテ、其噴キ出ヅル水柱ハ、日光ニ映シテ、キラキ

ヲト輝キ見ル人ノ心ヲシテ爽カナヲシム。

又セーン河岸ニ、廣大ナル埠頭アリテ、數哩ノ間並ビ續ケリ、此埠頭

ハ巴黎ノ商業ヲ盛ニセントテ、拿勃翁第一世ノ營ミシ所ナレド、其

後セーン河岸ノ商業、次第ニ衰ヘテ陸路ノ鐵道ニ所ヲ易ヘシカバ、

今日此埠頭ニハ四方ノ船ハ集ヒ來ラズシテ、古書ヲ賣ル露店ノミ

數多アリ。ザレド此河岸ハ、今モ尚美麗ナル地ナレバ遊歩センニハ、

殊ニヨキ所ナリ其河ノ景色モ所ニヨリテハ、ヒトキハ麗シク見ユ。

ソハ此河ニハ二十六個ノ橋アリテ、其橋ハ多ク石ニテ造レリト雖

モ、風流ナル樣シタル鐵橋モ二三アレバナリ。又巴黎ニハ花園遊園

ナドモアレド、其花園モ遊園モ倫敦ノニ比ブレバ稍狹クテ其數モ

亦少シ。

巴黎市街

十條アリテ巴黎
ノ見モノ、一ナ
リ此數哩ノ間ハ、
巴黎人ト外國人
トノ間ハズ如何
ナル雨天ナリト
モ雨具ヲ用意セ
ズシテ玻璃ノ蓋
ヒノ下ヲ逍遙ス
ベシ又市街ノ處
處ニ方形ノ空地アリ其四邊ニハ弓形ノ廊下ヲ構ヘ其中央ニハ花
園ヲ設ケテ樹木花卉ヲ植ヱ付ケタリ又處々ニ大理石ヲ以テ築キ

リシカトモ、只今ノ城壁堡砦ノ様ニハアラザリシヲ、千八百四十年ニ、

斯クハ建築セシナリ。

巴黎ニハ數哩ノ間府内ヲ通過スル幅廣キ大道アリ此大道ノ兩側

ニハ樹木ヲ植ヱ並べ、又美麗ナル白石ヲ以テ築キタル高樓軒ヲ並

べテ立テリ其樓ノ高サハ、七層若クハ八層ニシテ、各飾リノ鐵物ヲ

打チテ、五色ノ花卉ヲ植ヱ滿テタル看樓ヲ設ケタリ又府内ノ中央

ヲ經過スル大道アリ此大道ニハ二輪四輪ノ馬車ハ常ニ輪ト輪ト

撃チ合ヒ徒行ノ人ハ肩ト肩ト摩リ合ヒテイト賑ハシ殊ニ晴日ノ

午後ニハ快樂ヲ求ムル男女引キモ切ラズ往來シ又其兩側ニ並べ

ル舖店ノ美麗ニシテ千態萬狀ナルコトハ歐羅巴洲中ニ比類ナシ。

又パツサージ Passage トテ玻璃ヲ以テ蓋ヒタル街道アリ其兩側ニハ、

種々ノ商セル美麗ノ舖店並ビ續ケリ此パツサージハ凡ソ一百六

千三百哩ナリ・サテ此大都府中、倫敦ト君士但丁堡トヲ除クノ外皆

鐵道ニ因リテ巴黎ニ通フノミナラズ、歐洲大陸中ニテ名アル都府

ヨリ巴黎ニ通フニハ皆鐵道ニ由ルナリ。

巴黎ハ、佛蘭西ノ政廳ノ在ル處ナリ、外國ノ全權公使ノ留レル處ナ

リ國内ノ諸銀行支店ノ中央ナリ又法律文學理學ノ始マリシ所ナ

リ此都府ハ多ク世ノ變遷ヲ歷甚シキ兵亂ニ遭ヒシコトモ多ケレ

ド、又甚シク損ハレモセズシテ、今斯ク榮エ行ク都府トハナレリ。

巴黎ノ市街ハ、建築極メテ美麗ニシテ、其形モ樣々ナル故ニ、始テ此

ニ來ル人ハ打チ驚キテ讚賞セザルモノナシ此都府ニハ、九十四個

ノ鋒頭堡ノ突キ出デタル石壁ヲ繞ラシ又其外面ニハ、深キ外濠ト

幅廣キ軍道トヲ繞ラシ、巴黎ノ周リナル丘岡又ハ小高キ處ニモ、堅

固ナル城壁ヲ築ケリ、斯ク城壁ヲ以テ繞ラセルコト昔ヨリノ事ナ

夕ニ辛苦シ行末ノ事ナド用意スレド、巴黎ノ中ニテ最モ賑ヘル土

地ニテハ、我快樂ヲノミネトシテ、其外ノ事ヲ思ハザル人多シ。

巴黎ハ、セーン Seine 河ノ南北兩岸ニ分レ、北岸ナル地ハ三分ノ二ニ

シテ、南岸ナル地ハ三分ノ一ナリ。此地ハ佛蘭西ノ中央ニハアラザ

レド、佛蘭西ノ諸陸道ノ本原ナルノミナラズ、又佛蘭西ノ諸谿谷ノ

本原ニシテ、此國ノ大谿谷ハ悉ク皆巴黎ニ通ヘリ。サレバ國中ニア

リトアル物ドモ巴黎ニ集ラザルハナシ。

倫敦ハ世界ノ大海道ノ中央ニ在リテ、世界ノ商業ヲ總ベ掌ルガ如

ク、巴黎ハ歐洲ノ大陸道ノ中央ニ在リテ、歐洲中ニテ富饒膏腴ナル

國々ハ多カレド、此都府ノ如キハアラザルナリ。巴黎ハ、倫敦ヲ距ル

コト凡ソ二百五十哩、地中海ヲ距ルコト五百哩、羅馬ヲ距ルコト七

百五十哩、德里ヲ距ルコト六百五十哩、君士但丁堡ヲ距ルコト一

第二十一課 巴黎

巴黎ハ、歐羅巴大陸ノ中ニテ、最モ大ナル都府ニシテ、其戶數ハ、七萬、人口ハ、凡ソ二百萬アリトゾ、倫敦ヲ世界ノ商業ノ首府トセバ巴黎ハ世界ノ快樂ノ首府トスベシザレバ地球上ノ各國ヨリ多クノ人ガ、巴黎ニ來リ集ヘルハ、己ガ國ニハ斯ク樂シキ所ノナキガマ、ニ、大カタハ皆我歡樂ヲ求メ、休暇ノ日ヲ樂シク過グシ、又我ガ儲ヘタル金銀ヲ、而白キ事ニツカハンタメナルベシ.

此外ニモ巴黎ト倫敦ト反對スル事ニ三アリ、ゾ、ハ倫敦ノ家屋ハ、煉瓦ニテ造リタレモ、巴黎ノ家屋ハ美麗ナル白キ石モテ作レリ、又倫敦ノ天ハ、常ニ暗クシテ陰リタレモ、巴黎ノ天ハ、青々ト晴レ渡リテ、煤煙ニ汚サレズ、又倫敦ノ街道ハ多クハ狹ク醜ケレモ、巴黎ノ街道ハ、概ネ廣ヤトシテ美ナリ、又倫敦ノ人民ハ、商業ニノミ從事シテ、朝

匿レタリ或ル人其家ニ來リテ、汝ハ治部ヲ匿セリトカ聞クサレド

德川氏ニテ嚴シク尋ヌル事ナレバ、如何ニシテモ遁ルベカラズ、若

シ外ヨリ露顯スルトキハ、汝モ亦免レジト云ヒシヲ、三成ハ障子ヲ

隔テ、聞キ居タリシガ、其農夫ニ向ヒ、吾ハ遁ルベキ身ナラネバ、汝、

速ニ出デ、事ノ由ヲ訴フベシト云ヒケレバ、農夫ハ三成ニ逃ゲ出

デンコトヲ勸メタリ、三成吾ハ今病ミテ、一寸ノ間モ步行スルコト

能ハズ終ニハ捕ハル、身ナレバ、汝速ニ自首セヨト云ヒケレバ、農

夫、ヤガテ井口ニ往キテ田中吉政ニ告ゲ三成ハ終ニ吉政ノ手ニテ

捕ヘラレ小西行長等ト共ニ京師ニ斬ラレキ。

治部三成ハ治部少輔ノ役ナレバ、
三成ヲ治部トハ云ヒヽナリ、。

未ノ時頃ナリ。_{午後二時}

辰ノ時頃ナリ。_{午前八時}

七十六

野ニ戰ヒ以テ家康ノ進行ヲ拒マントスルノ策ヲ决シ夜中大雨ヲ
冒シテ遙ニ大垣城ヲ發シ進ミテ關原街道ニ陣シ其翌朝ニ至リテ、
兩軍大ニ關原ニ戰フ西軍ノ騎卒ハ凡ソ十二萬八千ニシテ東軍ハ、
七萬五千ナリ辰ノ時ヨリ未ノ時マテ數十度合戰シテ東軍屢敗軍
セシニ秀秋ハ先ニ東軍ニ內通セシガ心ニ兩端ヲ挾ミテ援ハント
モセザリケレバ東軍ノ方ヨリ人ヲ遣シテ秀秋ヲ擊チシニ東軍ハ、
兵八千鐵砲組六百ヲ率ヰテ松尾山ヲ下リ西軍ヲ擊チ秀秋因テ
其勢ニ乘シテ進ミ攻メシカバ西軍遂ニ大敗セリ東軍ハ益北グル
ヲ追ヒテ無數ノ首級ヲ打チ取リタレバ野モ山モ都テ血鹽ニ染マ
リヌ時ニ慶長五年九月十五日ナリ家康既ニ西軍ニ捷チシカバ旬
月ノ間ニ六十餘國盡ク德川氏ニ服シタリ．
三成逃ゲテ伊吹山ニ匿レ夫ヨリ石橋村ニ至リ兼テ知レル農家ニ

七十五

第二十課　關原ノ戰　二

爰ニ家康ハ軍勢ヲ分チテ二手ト爲シ、一手ハ家康自ラ大將トナリ
テ海道ヨリ進ミ、今一手ハ其子秀忠ヲ大將トシテ、山道ヨリ進マシ
ム。時ニ眞田昌幸其子幸村ト共ニ上田ノ城ニ在リテ山道ノ軍勢ヲ
引キ受ケテ戰ヒケレバ山道ノ軍勢ハ進ミ行ク事モ叶ハズシテ、三
日ノ間其所ニ滯留セリ。海道ノ軍ハ清洲ニ至リ福島正則ト會シ遂
ニ進ミテ岐阜城ヲ攻メ取リ赤坂ニ至リテ陣セリ。
時ニ美濃以東ノ兵ハ東軍ニ屬シ美濃以西ハ概ネ西軍ニ屬セシニ、
家康、赤坂ニ至リケレバ東軍ノ將士ハ大ニ喜ビテ勇ミ合ヘリ。是ニ
於テ家康諸軍ヲ戒メ進ミテ近江ニ入ラントスルノ形勢ヲ示セリ。
西軍ノ諸將モ軍ノ評議ヲシタリシニ、島津義弘ハ、赤坂ヲ夜討ニセ
ント云ヒシヲ三成ハ軍勢ノ衆キヲ恃ミケレバ、聽キ入レズシテ平

七十四

タレバ、德川氏ノ為ニ力ヲ盡サン事ハ、オボツカナシ。サレバ夫等ノ

人々ヲバ、是ヨリ國へ歸シ遣シテ、譜第ノ人々ト江戶ノ四疆ヲ固ク

守ル可シト云ヒケレバ、夫ヨリカラント云フ人多カリケリ。時ニ井伊

直政進ミ出デ德川氏ノ天下ヲ取ルハ、今日ヲ捨テ、アルベカラズ。

況シテ天ノ與フル所ヲ取ラザレバ、却テ其殃ヲ受クト云ヘバ、速ニ

大坂ニ上リテ群雄ヲ打チ掃フベキニ、片隅ノミ固メントスルハ、何

事ゾヤト云ヒケルニ、家康ハ纔ニ大坂ヲ出立スルニ當リ、石田三成

等ノ其虛ニ乘ゼンコトヲ豫知セシヲ以テ、敢テ驚クコトナク、直ニ

此議ニ同意シテ、其明日、再ビ諸將ヲ召シ集メ、井伊直政、本多忠勝ヲ

シテ、大坂ニ行クトモ、我ニ從フトモ、心ノ儘ニス可シト言ハセケレ

バ、諸將ハ、一同ニ三成ヲ擊タントゾ諾ヒニケル。

七十三

218　고등소학독본 6

欲シ、直ニ安國寺惠瓊、大谷吉隆、增田長盛ヲ澤山ニ招キテ、評議ヲ遂

ゲ、急ギ遠近ノ大名ニ觸レ廻シテ、德川氏大罪アリ、若君征伐シタマ

ハントス、太閤ノ恩誼ヲ忘レヌ人ダチハ早ク來リテ力ヲ戮セタマ

ヘト云ヒ送リケレバ、毛利輝元ヲ始トシテ、諸國ノ大名來リ會スル

者四十餘人、遙ニ應援ヲ爲ス者三十六國アリ。既ニシテ西軍伏見城

ヲ攻メテ是ヲ陷レ、直ニ伊勢ニ入リテ阿濃津城ヲ攻メ取リ、鍋島ノ

一軍ハ留マリテ長島城ニ備へ、毛利秀元、長束正家等ハ進ミテ南宮

山ニ陣シ、小早川秀秋、松尾山ニ陣ス。石田三成ハ伏見役後、先ヅ美濃

ニ入リ、大垣城ヲ以テ根據トセリ。

家康既ニ江戸ヲ發シ、小山ニ至リシ時、伏見落城ノ飛報ニ接セシカ

バ、家康ニ附キ從ヘル人々皆打チ驚キテ、評議區々ナリシガ、本多正

信ガ云フニハ、斯ク附キ從ヘル大名ハ、何レモ大坂ニ人質ヲ取ラレ

ントセシカバ、佐竹義宣三成ニ勸告シ、躬カラ三成ヲ護送シテ、伏見
ニ至リ、德川家康ノ第ニ投ゼシム。家康ハ遂ニ諸將ヲシテ兵ヲ解カ
シメ、又三成ニ諭シテ、政權ヲ解キテ、其領地ナル澤山ニ歸ラシメタ
リ。諸將ハ尙モ途中ニテ鏖チ取ラントセシカド、德川氏ヨリ軍勢ヲ
出ダシテ護送シタレバ、其企モ空シクナリヌ。

家康、上杉景勝ヲ勸メテ、大坂ニ來リ會セシメントセシニ、景勝ハ固
ヨリ三成ト謀ヲ通ジ、東西ニテ兵ヲ擧ゲテ、德川氏ヲ討タント兼テ
約シケレバ、是ヲ聽キ入レズシテ答ヘテ云フ。ハ我ハ、太閤ノ遺旨
ヲ受ケテ、東陲ヲ守レリ。何ゾ德川氏ノ令ヲ受クベキトテ、家老直江
兼續ヲシテ、豐光寺承兌ニ遺リテ、其事由ヲ陳述セシメタリ。家
康大ニ怒リ、自ラ諸軍ヲ率ヰテ景勝ヲ擊タントテ、會津ニ向フ。三成
ハ、思ヒ設ケシ事ナレバ、ヤガデ兵ヲ起シテ、其跡ヨリ迫ヒ擊タント

七十一

第十九課　關原ノ戰　一

豊臣秀吉ノ薨ジテ後其子秀賴猶幼カリシカバ德川家康、伏見二在
リテ權二天下ノ事ヲ執リ行ヘリ時二前田利家、大坂二在リテ家康
ト往來セシカバ石田三成、增田長盛ハ安カヲヌ事二思ヒ德川氏前
田氏ト心ヲ協セテ政ヲ出ダサンニハ我等ハ從二驅使セラルベシ。
サレバ兩家ノ中惡シクテコソ我等ノ思ヒノ如クニハナルベケレ
トテ二人ハ互二兩氏ノ中ヲバ惡シクセントゾ謀リケル。

是ヨリ先キ朝鮮ノ役二三成軍監トナリテ、池田、黑田、淺野、細川等ノ
諸將ノ功績ヲ隱蔽セシニヨリ皆三成二對シ不快ノ念ヲ懷キ居タ
レバ是二至リ連署ノ書面ヲ家康二捧ゲテ三成ヲ誅罰セント請ヒ
シカド許サレズ諸將ハ又利家二請ヒシニ利家モ亦許サズ其後利
家ハ程ナク病ミテ薨去セリ。諸將ハ又兵ヲ率井テ三成ヲ擊チ取ラ

七十

衆國トノ貿易ハ綿花穀物ノ二種殊ニ多クシテ、リヴァープールト

新紐克トノ間ニハ船舶ノ往來絶ユルコトナク、リヴァープールニ立

チ並ビタル六哩ノ船渠ハ此交易ノ爲ニ起リシナリ。佛蘭西トノ交

易ハ歐洲全土ノ變易ニ關係スルモノニテ元品ヲ外國ヨリ取リ寄

セ此地ニテ製造シテ再ビ佛ノ市塲ニ出ダスナリ。又日耳曼露西亞

ハ歐洲ニ在リテハ農業ノ地ニテ、和蘭ハ牧畜ノ國ナリ。サレバ英國

ニテ賤ヤス穀物ト肉類トハ多クハ是等數國ノ物ヲ用フルナリ。

我國ト英國トノ交易ノ高ハ今日ハ尙ダ少シ明治十五年中、我國

ヨリ英國ニ輸出シタル貨物ノ元價ハ四百九十八萬圓餘ニテ其中、

百萬圓ニ過グルハ米ト生絲トノ二種ナリ。又英國ヨリ我國ニ輸入

シタル貨物ノ元價ハ、一千三百九十七萬三千圓餘ニテ百萬圓以上

ナル貨物ハ綿絲ト生金巾トノ二種ナリ。

今日ハ何レモ、人口五十萬餘ノ繁華ノ都會トナレリ。其製造所ノ數

モ二千六百餘個所アリトゾ次ハ羊毛ノ紡織ニテ其羊毛モ亦オー

スタラリヤト米國ノ,バタビヤナドヨリ輸入スルモノナリ其紡織

塲ハ二千四百五十餘個所アリ次ハ、麻ト絹トノ紡織ナリ此二ツハ、

ソレ程ニハ盛ナヲネド製造所ハ合ハセテ千二百餘個所モアリト

云フ。

輸入品ノ中ニテ殊ニ多キモノ六種アリ其六種ハ、棉花穀物蔗糖羊

毛絹茶ニテ其價ハ、一年ニ凡ツ十六億五千萬弗餘ナリ。輸出ノ殊ニ

多キモノモ亦六種アリ棉布,毛布麻布,生熟鐵石炭器械ニテ其價一

年ニ二十一億千萬弗餘ナリト云フ。

英國ノ貿易國ハ重要ナル者六個國ニテ,合衆國佛蘭西,日耳曼露西

亞,和蘭埃及是ナリ屬國ニテハ印度,オースタラリヤノ兩部ナリ.合

ニハ、一千八百個以上ノ炭坑アリテ、其處ニ使役セラルヽ、坑夫モ四

十餘萬人アリトゾ、又一年ノ産出高ハ、概ネ一億萬噸餘ニ過ギ、其中

ニテ外國ヘ出ダスモノ千萬噸ニ及ブト云フ。是ヲ我邦ノ石炭ノ産

出高九十餘萬噸ニシテ外國ニ輸出スルモノ三十餘萬噸ナルニ較

ブレバ、誠ニ莫大ノ差ナヲヤ英國ニテ多ク石炭ヲ産スル地ハ、ノ

ルサムベルランド州ナルガ故ニ、英人ノ諺ニ、ノルサムベルランド

州ノ人民ハ、石炭ヲ以テ衣食シ、ウエールスノ人民ハ、鐵ヲ以テ衣食

ストヘリザレド外國人ヨリ評スルトキハ、英國ノ人民ハ盡ク石

炭ト鐵トヲ以テ衣食スル者ト云フベシ。

英國ノ製造ハ、紡織ノ業殊ニ盛ニシテ、其第一ハ棉花ノ紡織ナリ。米

國、印度等ヨリ輸出スル棉花ハ、十二億萬磅餘ニテ、其價ハ二億餘萬

弗ナリ。マンチェスタートグラスゴートノ二府ハ此製造ヲ營ミテ、

六十七

英國ニテ鐵鑛ヲ掘リ出ダス高ハ、一年ニ概ネ八百餘萬噸ナリ、噸ト

ハ英國ノ斤量ノ名ニテ、一噸ハ我國ノ二百七十二貫目餘ニ當レリ。

其鐵ハ外國ニ積ミ送ル者ノミニテモ三百餘萬噸ニ過ギ、其價ハ一

億三千萬弗以上ナリ其產地ハ諸方ニ在レド、蘇格蘭、ウエールス、ニ

ハ殊ニ多ク產シ、又輸出スル國ハ多クハ露西亞埃及及印度ナド

リ、思フニ斯ク多クノ鐵ヲ年々ニ費ヤス八巨大ノ船ヲ造ルト鐵道

ヲ敷クトニ由レルナヲン英國ノ鐵道會社ノ手ニテ敷キタル鐵道

モ世界ニ極メテ少カラズ印度オースタラリヤハ言フモ更ナリ以

太利塬地利埃及ナドノ鐵道モ英人ノ手ニテ成レルモノ甚ダ多ク

シテ鐵ノ消費年々ニ增加スルハ自然ノ勢ナリ．

鐵ノ効用ハ、石炭ニ由テ始テ著ル、ナリサレバ石炭ト鐵トハ、互ニ

助ケ合フ者ト知ルベシ今英國ノ石炭ハ國利中ノ第一ニテ、英蘇愛

六十六

人民ハ皆營業ヲ勵ミ、足ノ暇モ更ニナクシテ、常ニ東西ヘ馳セ回レ

リ.此一事コソ、今日カバカリ繁華ニナレル源ナラメ其變易ノ貨物

中ニテモ、殊ニ石炭、鐵材器械幷ニ棉花羊毛、麻ノ織物ヲモテ英國ノ

六大利ト稱スルナリ.サレ㞯自國ヨリ出ヅルハ、石炭、鐵材ノミニ

テ、其地ハ皆外國ヨリ輸入セリ.即チ亞米利加ヨリハ棉花ヲ送リ、オ

ースタラリヤヨリハ羊毛ヲ送リ、印度ヨリハ、麻ヲ送レル類ナリ.斯

ル有樣ニテアレバ英國ノ港ニテハ船ノ出入一日ダニ絶エナバ、人

民忽チ茶色シテ飢ヱ死スルモノサヘアルベシト云フ.サレバ英國

ノ市場ニ集レル貨物ノ相場ハ、全世界ノ變易ニマデ、其影響ヲ及ボ

スト云ヘリ.

第十八課　英吉利ノ商業・二

ヌ隙ナク、敷キ連ネ其長サハ、一萬八千餘哩ニテ、乘客ト荷物トノ賃

錢ハ、一年ニ慨ネ一億五千萬弗以上ナリト云ヘリ。サレバ土地ト人

口トニ較ブレバ、鐵道ノ長キ事英國ヲ以テ世界第一ト稱スルナリ。

東西南ノ三面ニハ港ノ數甚ダ多シ。其中ニモ出入ノ船舶絶ユル時

ナクシテ、朝夕常ニ賑ヘル港ト云ヘバ東ニハ倫敦ト ニューカッスル

トアリテ、北海ノ交易ヲ掌リ西ニ ハリヴァープール ト グラスゴー

トアリテ、亞米利加ノ交易ヲ掌リ南ニハ サウサンプトン ト愛蘭ノ

ダブリン ナドアリテ、何レモ水路貿易ノ盛ナル事ハ世界ニ又類ヒ

無カルベシ。

英吉利ハ世界ノ大市場ナリト云ヘル一語ニテモ、其交易ノ盛ナル

事ハ推シテ知ラルベシ。蓋英國ノ位置ハ歐羅巴亞弗利加亞米利加

ノ間ニ夾マレ四面悉ク海ヲ境ニシテ名高キ港甚ダ多キガ上ニ、其

ノ島ヲ合ハセテ、大不列顛及愛蘭ノ合衆王國ト稱スルナリ.其形勢、

位置廣狹、人口ト、モ、ヤ、我日本ニ均シケレド、此國ニ附屬スル土地

ハ、全世界ニ跨リテ其面積ノ廣サハ我邦ニ七十五六倍シ、人口モ亦

二億四千萬餘ナリトゾ.ザレバ其國人ハ英吉利ノ領地ニ、日ノ入リ

ヲ見ズトテ誇リ合ヘルモ亦理ナキニアラズ.

英國ノ内地ハ其地勢槪ネ平坦ニテ河ノ流レモ穩ナレバ運漕ノ都

合殊ニ便ナリ.全國ニテ貨物ヲ運送スベキ河ノ長サハ千二百哩モ

アルガ上ニ數多ノ運河ヲ切リ開キテ、舟ノ往來ヲ自由ニセル者モ、

亦其長サ二千八百哩ニ及ベリ又道路ノ長サハ三萬五千哩ニテ是

ニモ次第ニ石ヲ疊ミテ車馬ノ通行ヲ便ニセンコトヲ謀レリ里道、

邑道ノ長サモ十五萬哩ニ及ビ何レモ車馬ノ通フベキ坦途ナリ殊

更ニ鐵道ノ多キ事ハ恰モ蜘蛛ノ網ヲ掛ケタル如クニテ全國ニ到ヲ

力ヲ有スル人ガ是ヲ買ハントスルコトヲ物品ノ需要ト云フナリ。

斯ク供給ト需要トノ關係ニ由テ價ノ高下スルハ常ニ物品ノミニ
限ルニアラズ彼力役者ノ日雇賃銀及商人ノ利益ニ高低ノ差アル
モ亦此理ニ由ルノミ故ニ需要ト供給トノ關係ニ由テ物價ノ高低
スルハ猶天ノ晴雨ニ因テ河水ノ增減スルガ如シ.

第十七課 英吉利ノ商業 一

英吉利ハ歐羅巴大陸ノ西ニ當レル三個ノ大島ト五千餘ノ小島ト
ヲ合ハセタル國ノ名ナリ此國ト歐羅巴大陸トノ間ニハ英吉利谿
アリテ水路ノ狹キ處ハ僅ニ二十二哩ナリ二個ノ大島ハ東ニアル
ヲ不列顚ト云ヒ西ニアルヲ愛蘭ト云フ不列顚ハ分レテ三部ト爲
レリ南ハ英蘭ニデ西南ハウエールス(Wales)北ハ蘇格蘭ナリ此二ツ

リテ、人皆是等ノ新果ヲ欲スレバナリ。

サレバ物價ノ騰貴スルハ、貝其物ノ稀少ナルノミニ非ズシテ、人々

ノ是ヲ購フノ多キニ因ルナリ。故ニ果時ニ至レバ、人々李ヲ欲シ、且

他種ノ果物未ダ熟セザルニ由リ、其需要大ニ増シ、遂ニ李ノ價ヲ貴

カラシムルコト既ニシテ人々是ニ厭クトキハ買フモノ隨テ減少ス可シ。

然ルニ果物商ハ却テ買人ヲ求ムルコト急ナリ此時ニ當リ商人ニ

ハ賣ラントスルノ必要アリ買人ニハ買ハントスルノ意少シ是ニ

於テ其價ハ必ズ下ラザルヲ得ズ。

抑モ如何ナル商法ニテモ我ヨリ求メテ賣ラントスルトキハ其價

ハ買人ノ命ズル所ニ從ハザルベカラズ買人モ強ヒテ買ハントス

ルトキハ賣主ノ命ズル所ノ價ヲ拂ハザルベカラズ而シテ商人ガ、

賣ヲンガ爲ニ物品ヲ供フルコトヲ、物品ノ供給ト云ヒ買フベキ資

六十一

近來ハ鰹節ノ價、甚ダ貴クシテ、是ヲ節用スルニ由リ、菜羹ノ爲ニ旨カ

ヲ、ト云フ人アリ、或ハ絹布、甚ダ廉ナレバ買ヒテ用フ可シト云フ

人アリ、斯ノ如ク、時ニ由テ物ノ價ニ高低アルハ何故ナルゾ、

每年六月ノ末頃ニ至レバ果物店ニ李ヲ並ベタルヲ見ルベシ、其色

ハ、猶青クシテ、味甘カラザルモ、其價、甚ダ貴クシテ、是ヲ買ハンガ爲ニ、一

錢ヲ出ダスモ僅ニ四五顆ニ過ギズ、其斯ク貴キハ何ニ由ルカ、時期

尙早クシテ、熟シタルモノ稀ナルニ由ルト云フ人アリ、其證據ニハ、

李ノ熟スル時期ニ至レバ、其色黃赤ニ變シ、味甚ダ甘ケレドモ、十數顆

ノ價、一錢ヲ出デズ、サレドモ、李ノ價斯ク貴キハ唯時期早クシテ、其品

稀ナルノミニ由レリヤト云フニ、時期既ニ過ギテ、李樹實ヲ着ケズ、

其品甚ダ稀ナル時ニ至リテモ猶一盆二錢ニ過ギザルハ何ゾヤ、蓋

此時ニ至リテハ、人漸ク李ニ厭キ、是ヨリ旨キ桃梨子等ノ熟スルア

ヤスベキ工事ヲ監督セシガ、此工事ノ繁務中ニテモ同氏ハ、猶幼時
ノ心ヲ具ヘ、野ニ遊ビ山ニ獵スル事ヲ以テ無上ノ快樂トナセリ斯
クシテ、英國ノ鐵道ヲ建築スルニハ、常ニ其工事ヲ監督セシガ、猶外
國ヨリモ依賴スルニ至リ、乃チ鐵道新築ノ依賴ヲ受ケテ、西班牙、白
耳義ニ至リシガ、其歸路ニ感冒ヲ患ヘ、家ニ歸リテ、遂ニ死シタリ時
二千八百四十八年ニテ享年六十八歲ナリシト云フ、ステブンソン
ハ、初メ衣食ニモ窮セシ人ナリシガ、後ニハ其家ノ富ミタルノミナ
ラズ、英國ノ商業工業ヲ繁榮ナラシメシ事ハ、幾許ナルヲ知ラズサ
レバ、世人ガ、蒸氣車ノ發明ヲ世界文明ノ一大紀元ナリト云フモ亦
理ナキニアラザルナリ、

第十六課　價ノ高低

關車ノ運轉ヲ試ミタリ。時ニ千八百二十五年ナリ。更ニ又リバープ
ール Liverpool トマンチェスター Manchester トノ間ニモ、鐵道ヲ架設スル
ニ至リシガ、初メステブンソンハ此機關車ニテ、一時間十二哩ヲ運
轉スベシト公言セシニ、人皆是ヲ信ゼズシテ譏笑セリ。然ルニ是ニ
至リテ果シテ其言ニ違ハザリシカバ、世人皆テ其運轉ノ速ナルヲ
感ズルノミナラズ、是ヲ運轉セシムル機關車ノ構造ヲ感歎セザル
モノナカリキ。當時同氏ハリバープールノ鐵道會社ヨリ、年俸千磅
ヲ給セラレシガ、其鐵道落成ノ上ニテ、最上等ノ機關車ヲ構造セバ、
更ニ五百磅ノ賞金ヲ與ヘントノ約束アリシカバ、遂ニ是ヲ落成シ
テ、其賞金ヲ得タリト云フ。
斯クステブンソンノ名譽ハ世界ニ廣マルニ隨ヒ、其家計モ自ラ豐
ナルニ至レリ。其後二百十四哩ノ鐵道ヲ建築スルニ、五百萬磅ヲ費

ステブンソンハ、金錢ノ得ラル、事ナレバ已ノ勞力ヲ惜マズシテ、

是ニ從事センコトヲ謀リ或ル時ハ、靴ヲ修覆シ或ル時ハ時計ヲ修

理ナドシテ些少ヅ、ノ金錢ヲ貯蓄セシカバ二十一歳ニテ小サキ

家ヲ持チテ妻ヲ娶ルコトヲ得タリシガ其妻ハ、ロベルトト云へ

ル一子ヲ殘シテ早ク沒シタリトゾ、サテ又ステブンソンハ、偶然ノ

事ニテ世ニ其名ヲ知ラル、ニ至レリ其次第ハ或ル處ニ構造惡キ

蒸氣機關アリシガ何レノ機械師モ其修覆ヲ完成スル者ナカリシ

故ヲ是ヲ同氏ニ托セシニ直ニ其機械ヲ解キテ損處ヲ認メ功ニ是ヲ

修理セシカバ其名一時ニ世ニ高クナレリ是ニ續ギテ、ステブンソ

ンハ安全燈ヲ發明シタレバ學者工藝家皆其名ヲ知ルニ至レリ其

後遂ニ機關車ノ構造ヲ完成シテ始テ英國ノストツクトン Stockton

トダルリングトン Darlington トノ間ニ、鐵道ヲ架設シ、爰ニ始テ其機

五十七

ノ語ナリ。サテ同氏ハ斯ル職業ニ從事セシコトユヱ、未ダ嘗テ見ザ
ル所ノ機械ニ就キテ其構造ナドノ語ヲ聞クコトアリ或ハ書物ニ
書キ載セタル機械ノ圖畫ナドヲ見ルコトアレバ、目ニ一丁字ヲモ
知ラザルユヱ其詳細ヲ知ルコト能ハズ是ニ因テ同氏ハ夜學ヲナ
サントノ志ヲ立テ、十八歳ニテ始テ文字ヲ讀ムコトヲ習ヒ、十九歳
ニテ漸ク已ノ姓名ヲ記スルコトヲ得タリ算術ハ夜業ニテ十分ニ
講習スルコト能ハザルニ由リ工塲ニテ機械ヲ監督スルノ傍ニ、是
ヲ勉強シタリ同氏ガ當時受ケ得タル教育ノ情況ハ概ネ此ノ如ク
ナリキ。

解體 トキ離ス。

ジルリング 英貨ノ名ニシテ我國ノ金貨大凡ソ二十五錢ニ當ル。

第十五課 ステブンソンノ傳 二

ニシテ父ノ雇ハレタル工作塲ニテ、火夫ノ助手トナリ父ト共ニ其

業ヲ務メ、一日一シルリングノ給料ヲ得是ニ至リ將來機械師タラ

ントノ望、益固クナリ、大ニ其業ニ勉勵セシカバ次第ニ昇級シテ遂

ニ一週十二シルリングノ給料ヲ得ルニ至レリ。

スチブンソンハ此地位ノ已ノ嗜好ト願望ニ適ヒタルヲ喜ビ、機

械一切ノ諸物ニ注目シテ其效用ヲ窮メザルコト無ク常ニ機械ヲ

以テ已ノ愛好物ト爲シ、能ク其諸部ヲ熟知スルニ由リ是ヲ解體シ、

是ヲ掃除シテ其損處ヲ修理スル等、機械一切ノ事ニ就キ他人ノ教

ヲ待ツガ如キハ、甚ダ稀ナル事トス。

スチブンソンハ已ノ爲サントスル所ノモノハ假ヒ瑣末ノ事タリ

トモ、常ニ是ヲ成就セントヲ務メタリ、サレバ同氏ガ我レヲ能ク吾

事業ヲ杲タサンコトヲ知レリト云ヒシハ、能ク其平生ヲ悉シタル

ウヰラム Wylam ト云ヘル小村ニ生レタリ兄弟六人アリテ父ヲ口

ベルト Robert ト云ヘリ其家ハ僅ニ雨露ヲ防グノミニテ、一室ニ過

ギズ此一室ニテ客室寢室厨房等ヲ兼ネタレバ、常ニ三個ノ臥臺ヲ

供ヘ置ケリ父ハ近隣ノ工作場ニ雇ハレテ、火夫トナリ、一週僅ニ十

ニシルリング Shilling ノ給料ヲ得テ、全家ヲ扶持セリ斯ク貧困ノ家

ナレバ、幼時小學校ニ就學シテ、教育ヲ受クルナド云ヘルコト無ク、

八歳ニシテ牧牛場ニ雇ハレ、一日ニ二ペンス Pence ノ給料ヲ得テ父母

ノ勞ヲ助ケタリ。

ステブンソンハ此時已ニ機械師タルノ天性ヲ具ヘ、常ニ機械ノ構

造工夫ナドニノミ意ヲ用ヒタリ、サレバ餘暇アルトキハ河流ニ小

水車ヲ造リ或ハ粘土ヲ取リ來リテ、土製ノ機械ヲ構造セリ、年十三

ニシテ父ノ家ニ備ヘンガ爲ニ、日時計ヲ造リタリト云ヘリ、十四歳

冷ユル事ナクシテ常ニ、熱氣ヲ保ツベシ是レワツトガ第一ニ發明セシ所ノ要領ナリ次ニ蒸氣ノ力ニテ鍤ヲ壓シ上グルノミナラズ、是ヲ壓シ下スニモ蒸氣ノ力ヲ用フル構造ヲ發明セリ是ニ於テ、今ハ空氣機關ト云ハズシテワツトノ複働蒸氣機關トハ稱スルナリ。

第十四課　ステブンソンノ傳　一

ジョージ、ステブンソン Geoge Stephenson ト ジェームス、ワツト トノ二人ハ吾等ヲシテ鐵道ニテ旅行スルコトヲ得シメタル恩人ナリプツトハ蒸氣機關ヲ完成スル事ニ力ヲ盡シ、ステブンソンハ蒸氣機關ヲ行動器ニ適用スル事ヲ務メ遂ニ汽車ヲ運轉スル所ノ機關車ト鐵道トヲ構造スルニ至レリ。

ステブンソンハ英吉利ノノルサムベルランド Northamberland 州ナル

五十三

238　고등소학독본 6

レ圧再ビ是ヲ壓シ下スニハ蒸氣ヲ冷ヤシテ、水トナサヾル可ヲズ。

斯ク爲サレニハ汽筒ヲモ冷サヾルヲ得ズサレバ銲ヲ更ニ壓シ上

グルニハ、一タビ冷エタル汽筒ヲ再ビ熱スルナリ其頃是ヲ空氣機

關ト名ヅケシモ誠ニ適當ノ名ナリ何トナレバ銲ヲ壓シ上グルハ、

蒸氣ノ力ナレ圧是ヲ壓シ下スハ空氣ノ壓力ナレバナリ。

ワツト、此機關ヲ吟味シテ汽筒ノ一冷一熱ハ非常ナル熱量ヲ失ヒ、

爲ニ莫大ノ燃料ヲ費ヤスモノナル事ヲ知レリ銲ヲ一回上下スル

ニ、斯ク非常ナル力ヲ失フ如キ機關ハ、其益少カルベシサレド汽筒

ヲ冷ヤサズシテ其中ノ蒸氣ヲ冷ヤスニハ、如何ニシテ可ナリヤ此

答ヲ得ルコト能ハズシテ**ワツト**ハ數月間考索シ居タリ或ル日近

郊ヲ散歩セシ時ニ偶然其答ヲ得タリ即チ蒸氣ヲ汽筒中ニ冷ヤサ

ズシテ是ヲ外ノ器ニ移シ以テ冷ヤスナリ斯クスレバ汽筒ハ更ニ

五十二

備ヘタル小サキ蒸氣機關ノ雛形ニ損處アルコトヲ見出ダシタレ

バ、其修繕ヲ托セントテ、**ワツト**ノ店ニ持チ來レリ。此一事ガ、偶然ニ、

ワツトヲシテ、大發明ヲ爲サシムルノ原因トナレリ。

蒸氣機關ト云ヘバ世人概ネ複雜ナル器械ニシテ、是ヲ研究セル人

ノミ、能ク理會シ得ベシト考フル者ノ如シ。サレド通常ノ**ポンプ**ヲ

理會シ得ル人ナラバ蒸氣機關ヲ理會スルコト極メテ容易ナル可

シ。今其機關ヲ簡單ニ示サンニ、強キ筒即チ汽筒ト是ニ嵌入スル棒

即チ鋒トノ二ツニテ汽鑵ヨリ來ル蒸氣ヲ初ハ棒ノ下ニ受ケ更ニ

亦其上ヨリ是ヲ受ケ以テ其棒ヲ上下ニ運動セシム。而シテ其棒ノ

上端ハ運動セシメントスル器械ニ結束スルナリ。

サテ、**アンデルソン**ガ、**ワツト**ノ店ニ持チ來リシ器械ハ、**ニウコメン**

New Comen ト云ヘル機關ニテ其鋒ハ汽筒中ノ蒸氣ニ壓シ上グラル

五十一

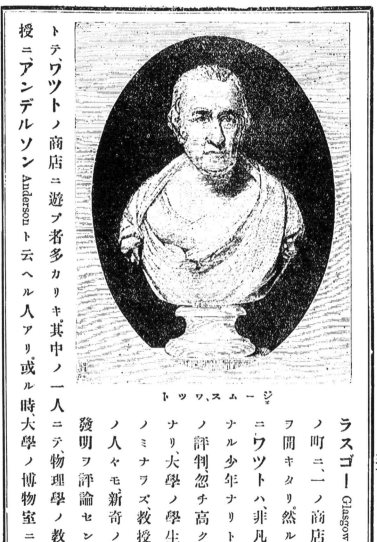

トテ、ワツトノ商店ニ遊ブ者多カリキ其中ノ一人ニテ物理學ノ教授ニ、アンデルソン Anderson ト云ヘル人アリ或ル時、大學ノ博物室ニ

ジェームス、ワツト

ラスゴー Glasgow ノ町ニ、一ノ商店ヲ開キタリ然ルニ、ワツトハ非凡ナル少年ナリトノ評判忽チ高クナリ、大學ノ學生ノミナラズ教授ノ人々モ新奇ノ發明ヲ評論セン

五十

ウーストル侯ノ後凡ソ百年ニシテ、ジェームス、ワット ト云

ヘル人ノ苦思考索ノ賜ナリト云ハザルヲ得ズ。

ジェームス、ワット ハ西暦千七百三十六年ニ、蘇格蘭ノグリーノック

Greenock ニ生ル其父ハ、船大工ナリ幼時ハ身體甚ダ虚弱ニシテ學校

ニ通學スルコトモ稀ナリ、ソレ故ニ、母ハ讀書ヲ授ケ父ハ習字ト算

術トヲ教ヘ居タリ ワット ハ、斯ク家ニノミ閉ヂ籠リタレド、能ク勉

強シ能ク思慮スルコトハ恰モ成人ノ如クナリキ父ハ是ニ因テ大

ニ室ヲ屬シタリシガ家族ノ者ハ更ニ是ヲ意トセズ或ル時、ワット

ガ茶罐ノ口ヨリ發スル蒸氣ノ上ニ匙ト皿トヲ互ニ出ダシ其中ニ

溜ル水ヲ注視シテ、一時間モ默坐シタリシカバ叔母ハ是ヲ見テ此

貴セリトノ話アリ。

ワット ハ、數學用ノ器械ヲ造ル業ヲ習ヒ居タリシガ丁年ニ至リグ

四十九

第十三課　蒸氣機關

今ヲ距ルコト凡ソ二百年前ニ、ウーストル（Worcester）侯ト云ヘル人羅
アリテ、倫敦塔ノ小室ニ繋ガレ居タリ。或夜、獨爐邊ニ坐シテ居タリ
シニ、其上ニ掛ケタル藥鑵ガ、自ラ蓋ヲ壓シ上ゲ又ハ其口ヨリ蒸氣
ヲ奔出セリ。侯是ニ注視セシガ、ヤガテ其蒸氣力ノ作用ヲ考索シ若
シ其蓋ヲ緊縛シテ口ヲモ塞グナラバ如何ナル結果ヲ生ズベキカ、
即チ藥鑵ヲ破裂スルナラント云フ事ヲ知レリ候。因テ以爲ラク然
ラバ則チ蒸氣ノ中ニハ非常ナル力アラヲズト是ヨリ百
方講究シ遂ニ蒸氣ノ膨脹力ヲ利用シテ、水ヲ四十尺ノ高處ニ上ゲ
得ベキ器械ヲ構造セリ。是レ即チ蒸氣ポンプ（喞筒）ナリ。
此以前ニモ蒸氣ノ力ヲ試驗セシ者アリシガ實際ニハ殆ド價直ナ
キ者ナリ。サレバ此非常ナル力ヲ自由自在ニ驅役スルニ至リシハ、

四十八

シ人ヾ二割リ與ヘシカバ、自ヲ其下風二從ヘ得タリキ。丹羽長秀ガ

自殺セシナド、彼ガ爲二賣ヲレシ事ヲ恥ヂシトゾ覺ユル。サレド其

天報二因デ其家二世ダ二傳ヘヲレザリシカバ何ゾ又論ズル二足

ルベキ。讀史餘論

第十二課　羃鞋奴

羃鞋奴。面如狙。舍鞋執庇從風呼。掌心逆理貫中指。六十六州手卷舒。

馴龍玩虎有餘力。却向冥海掣鯤魚。何知金甌缺且破。當言得失皆自

掌心逆理貫中指。上中指盖掌握天下之和也。

吾嗟哉予操持無術君無怪鞋與天下無小大、原註、世稱、太閤掌中有直理逆

金甌。金ノカメニテ天下二喩フ。梁武帝甞言我國家如

金甌金甌無一傷欤又日、自我得之自我失之亦復何恨。

時信孝ノ心ニ快カラズ柴田ガ如キ、不和ナリシ事、故ナシト云ヒ難シ凡テ織田家ノ風俗自ラノ武勇ニ誇リテ其權ヲ爭フ所アリシカバ群議更ニ一決セズシテ事、終ニ敗レタリ。

秀吉ノ黨秀信ノ幼ト信雄ノ愚闇ナルヲ利シ柴田ハ信孝ノ英氣アルニ心アリ然レ圧信孝ノ黨ハ北陸ニアリテ助ヲ千里ニ求メ秀吉ノ黨ハ皆ヶ境ヲ連ネテ、相竝ブ。シカモ要害ノ地ヲ扼シテ北敵ヲ待チテ、岐阜ヲ攻ム柴田ノ兵ヲ出ダシ、ニ及ビテハ速ニ兵ヲ旋ラシテ、先ヅ是ヲ敗リシカバ信孝ハ覊スノ事、孤豚ヨリモ易カリキ其後又信雄ヲ滅サントセシニ神祖ノ助ケ給フガ故ニ其志成ラズシテ、和平ニハナリタレド後ニ信雄ヲ退ケシ心ヲ以テ見ル時ハ其本謀、推シテ知ルベシ。

柴田既ニ亡ビ信孝弑セラレシニ及ビテ、ヤガテ其國ヤヲ我ニ組セ

秀吉匹夫ヨリ起リ、天下ヲ掌ニシ給ヒシカバ世ノ人是ヲ稱スルナ

リ斯ル事、我朝ニテハ希ナリシカド、異朝ニハ其例少カヲズ、但時ノ

運ニ乗ゼヲレシニヨルカ、其故ハ、此時、亂臣賊子、天下ニ首ヲ並ベテ、

只匹材詐謀アル人ノミ、尚ブ事ヲ知リテ、仁義忠孝ナドイフ事ハ、曾

テ知ラザル時ニ過ヒ給ヒシカバ、時ノ運ニ乗ズル事ヲ得給ヒシナ

リ。

サレバ信長ノ大恩ノ下ニ身ヲ起シテ其兵威ヲ假リテ、自ヲ中國ノ

鎮衛トナリ、兵既ニ強ク國既ニ富メリ、明智ガ信長ヲ弑セシヲ聞キ

テ、毛利ト和シテ怠ニ師ヲ班サレシ、振舞ナド誠ニ英雄ノ舉ニシテ、

氣一世ヲ蓋フト云フベシ、サレド明智ヲ討チシハ信孝ノ功少カラ

ズ、然ルヲ自ラノ功ト稱セラレシ事謂レナシ、宿老等相議シテ信長

ノ國ヲ分チ、其孫ヲ立テシナド、平世ニハ然ルベキ事ニ似タレド、此

屋ニ至リ、遂ニ諸軍ニ命令セリ。此軍、七年ヲ經テ未ダ決セズ時ニ秀

吉病ニ罹リテ、危篤ニ陷リ將ニ瞑セントシテ更ニ目ヲ張リテ曰ク、

我十萬ノ兵ヲシテ海外ノ鬼トナラシムルコト勿レト言ヒ終ハリ

テ遂ニ薨ズ年六十三ナリ。

秀吉ハ人奴ヨリ起リテ時機ニ投ジ遂ニ群雄ヲ制服シテ、其位、人臣

ヲ極ム而シテ其雄才大略ノ如キハ、八歳ニシテ六十餘國ヲ定メ其

餘力ヲ以テ是ヲ海外ニ試ミルニ至レリ亦壯ナリト云フベシ。サレ

ド一旦死シテ其肉末ダ冷ナラザルニ群雄亦各自立ノ志アリテ二

世ニシテ其家遂ニ亡滅セリ。

微章　紋ジルシ　ト云フ。

馬表　ウマジルシ　ナリ。

第十一課　秀吉ヲ論ズ

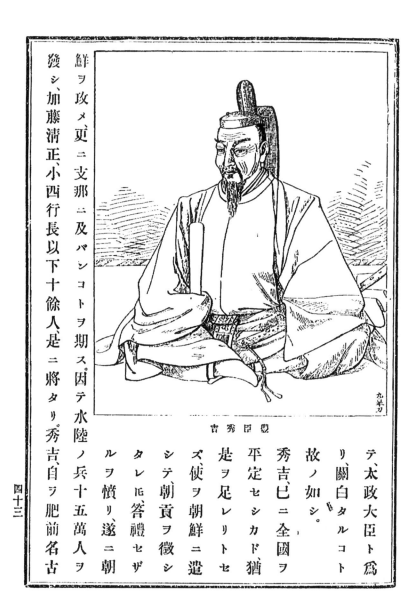

豐臣秀吉

テ、太政大臣ト為リ、關白タルコト故ノ如シ。

秀吉巳ニ全國ヲ平定セシカド猶是ヲ足レリトセズ、使ヲ朝鮮ニ遣シテ朝貢ヲ徴シタレド答禮セザルヲ憤リ、遂ニ朝鮮ヲ攻メ、更ニ支那ニ及バンコトヲ期ス因テ水陸ノ兵十五萬人ヲ發シ、加藤清正、小西行長以下十餘人是ニ將タリ秀吉自ヲ肥前名古

四十三

ヲ降ス獨北條氏政ハ關東八州ニ據リ伊達政宗ハ陸奥出羽ニ據リ

テ敢テ降ラズ因テ軍ヲ發シテ、氏政ヲ小田原ニ攻メシニ氏政遂ニ

城ヲ致シテ降リシカド、是ニ死ヲ賜ヒテ其餘ヲ釋シタリ秀吉乃チ

北條氏ノ故地八國ヲ舉グテ盡ク德川氏ニ賜フ巳ニシテ伊達政宗

モ亦來リ降レリト云フ。

秀吉ハ微賤ヨリ起リシ人ナレバ姓氏モ詳ナラズ初ニハ平氏ト稱

シ後ニハ藤原氏ト稱セシガ更ニ征夷大將軍タランコトヲ希ヒシ

ニ藤原晴季ノ云ヘルヤウ大將軍ハ源氏ニアラザレバ不可ナリ公

ハ藤原氏ト稱スルニ由リ宜シク關白トナルベシト朝延、遂ニ詔シ

テ關白ト爲ス秀吉又他姓ヲ冒スコトヲ恥ヂ新姓ヲ賜ハランコト

ヲ乞ヒシカバ姓ヲ賜ヒテ豐臣ト云フ是ニ於テ天下ノ政令皆其手

ニ出デ歳入二百萬石ニ上レリト云フ巳ニシテ秀吉ハ又拜セラレ

四十二

ヲ遣シテ、和睦ヲ議セシメシニ、秀吉未ダ是ヲ許サヾリキ。時ニ明智

光秀、叛キテ信長ヲ本能寺ニ弑シ、其變報偶〻秀吉ニ達ス。秀吉因テ明

ニ是ヲ毛利氏ニ告ゲテ、和睦ヲ成シ、直ニ兵ヲ引キテ尾崎ニ至リ、使

ヲ光秀ニ遣シテ山崎ニ戰ハンコトヲ約ス。戰フニ及ビテ、光秀ノ軍、

大ニ破ラレ逃レテ小栗栖ニ至リテ、土兵ノ爲ニ殺サレタリ。是ニ於

テ光秀ノ首ヲ京師ニ徇ヘ是ヲ本能寺ニ梟ス。信長ノ弑セラレシヨ

リ、是ニ至リ僅ニ十三日ナリシトゾ。

柴田勝家等秀吉ノ威權猶盛ナルヲ見テ、是ヲ滅サンコトヲ圖リ、賤

ガ岳ニ戰ヒシガ、勝家遂ニ敗滅セリ。已ニシテ信長ノ子信雄又秀吉

ノ威權ノ盛ナルヲ見テ是ト絶交シ援ヲ德川氏ニ請フ。是ニ於テ小

牧山ノ戰アリシカド遂ニ和睦シテ事全ク平定スルニ至レリ。後又

佐〻成政ヲ越中ニ攻メテ是ヲ降シ、島津義久ヲ薩摩ニ攻メテ、亦是

第十課　豐臣秀吉ノ傳　二

秀吉ハ桐ヲ以テ徽章ト爲シ、金瓢ヲ以テ馬表トナシ、一タビ捷ツ毎
ニ、一瓢ヲ加ヘ積ミテ千ニ至ランコトヲ期セリ。因テ名ヅケテ千瓢
ト云フ。軍ヲ出ダスゴトニ桐ノ徽章ト千瓢ノ馬表トハ敵望ミテ、是
ヲ避ケタリトゾ。秀吉前後封ヲ加ヘテ總テ二十二萬石トナレリ。此
時ニ當リ、毛利輝元山陽山陰十餘州ニ據リ、浮田直家備前美作ヲ以
テ是ニ附ク。信長是ヲ撃タンコトヲ謀リ、遂ニ秀吉ヲ以テ征西大將
ト爲ス。是於テ秀吉先ヅ播磨ニ入リ、五歳ニシテ遂ニ播磨、備前美
作、但馬、因幡ノ五國ヲ平定スト云ヘリ。

秀吉更ニ進ミテ、毛利氏ノ軍ヲ備中高松城ニ攻メ、巨防ヲ城南ニ築
キ、甲部河ノ水ヲ引キテ是ニ灌グ。城是ガ爲ニ水ニ浸サレザルコト
數尺ナリ。且信長ノ大擧シテ來援セントスルヲ聞キ、輝元遂ニ使者

四十

二是ヲ破レリ。信長、ソノ功ヲ賞シテ、三千貫ヲ賜ヒ、名ヲ秀吉ト命ゼ
り。

足利義昭、初メ信長ノ爲ニ立テラレテ京師ニアリシガ、是ヲ犯ス者
アラントコトヲ慮リ、信長ニ命シテ智勇兼備ノ一將ヲ置キテ京師ヲ
鎭セシム。衆皆柴田勝家、丹羽長秀、佐久間信盛ノ三人ナル可シト思
ヒシニ、命下ルニ及ビテ、木下秀吉ナリ。秀吉既ニ命ヲ拜シ、即日京師
ニ至リテ義昭ニ面謁シ、京師ノ事ヲ裁決スルニ立ドコロニ辨ゼザ
ルナシ。巳ニシテ淺井朝倉ノ二氏ヲ攻メ、遂ニ是ヲ滅シタリシカバ、
功ヲ以テ淺井氏ノ故地十八萬石ニ封ゼヲレ城ヲ近江ノ長濱ニ築
キテ、是ニ居タリシガ、是ニ於テ筑前守ニ拜セラレ、姓ヲ羽柴ト改メ
タリ。

命シテ工事ヲ司ラシム。藤吉盡ク役徒ヲ會シ、君命ヲ以テ酒食ヲ賜

ヒ更ニ分チテ十隊ト爲シ、一隊ヲ以テ十歩ニ充テ是ヲ奬勵督

ラシム。藤吉因テ其費ノ十分ノ七ヲ省キタリ信長更ニ是ヲ數事ニ

促セシカバ兩日ニシテ成就セリ信長是ヲ見テ、大ニ嘆賞シ直ニ俸

ヲ加ヘテ更トナシ、トゾ。

信長方ニ儉ヲ行ヒシニ薪炭ノ費多キヲ患ヘ藤吉ニ命シテ是ヲ司

試ミシニ皆効アリシカド未ダ兵ニ將タラシメズ時ニ信長齋藤氏

ヲ美濃ニ攻メシニ志ヲ得ザルコト屢ナリキ因テ諸將ヲ會シテ是

ヲ議セシニ人々奮ヒテ是ニ當ル者ナシ信長密ニ是ヲ藤吉ニ謀リ

シニ藤吉、自ラ兵ニ將トナリテ是ヲ攻メンコトヲ乞フ信長因テ甲

士五百ヲ授ケ戒メテ是ヲ遣ル藤吉直ニ知ル所ノ大盜蜂須賀小六、

稻田大炊等六十餘人ト其徒屬千二百人トヲ得テ敵ノ壘ヲ攻メ、大

二胴丸ト云フ者アリ扇仲宣シキニ稱ヒ其製甚ダ便ナリト之綱黄

金數兩ヲ付シ往キテ是ヲ買ハシム日吉以爲ラク此金ヲ以テ價進

ノ資ト爲シ他日是ヲ償フコト易キノミト遂ニ尾張ニ來リテ織田

信長ニ仕ヘ自ヲ木下藤吉ト云フ藤吉ノ面貌猿ニ似タルニ由リ信

長其輕捷ナルヲ知リ是ヲ奴トナシ、ニ藤吉奉仕甚ダ勤メ

タリ。

信長居ル所ノ清洲ノ城壁壊レタレバ吏ニ命シテ、是ヲ修理セシメ

シニ月ヲ閲リテ成ラズ藤吉、城下ヲ過ギテ嘆シテ曰ク嗚呼危イカ

ナト信長聞キテ是ヲ詰問セシカバ藤吉對ヘテ云ヘルヤウ今ヤ君

ノ國東ニハ今川武田氏アリ西ニハ齋藤淺井六角氏アリテ日ニ我

隙ヲ窺フ然ルニ備ヲ弛クスルコト此ノ如キハ是レ有司君ノ爲ニ

謀ルコト不忠ナルナリト信長聞キテ默然タリシガ、ヤガテ藤吉ニ

三十七

豐臣秀吉ハ尾張愛知郡中村ノ人ナリ幼名ヲ日吉ト云フ日吉ノ父

ハ、彌助ト云ヘル人ナリシガ、日吉ノ八歲ノ時ニ死シタリ同村ニ筑

阿彌ト云フ者アリ、織田信秀ノ僕ナレドモ、疾ノ爲ニ家ニ歸リ居タリ

シカバ村人相議シテ、是ヲ繼父ト爲シタリシ。サレド家貧ニシテ、扶持

スルコト能ハザルヨリ、日吉ヲ寺ニ托シテ僧ト爲サントセシニ、日

吉是ヲ屑シトセズ遊戲度ナク、人ト爭ヘバ、是ヲ毆擊シ、僧徒ヲシテ、

已ヲ厭ハシメンコトヲ謀レリ。僧徒果シテ日吉ヲ家ニ歸サントセ

シニ、日吉繼父ノ怒ランコトヲ恐レ、大言シテ云ヘルヤウ、汝等、我ヲ

逐ハヾ、我レ直ニ寺ヲ焚キテ、汝等ヲ打チ殺サント、僧徒懼レテ事ニ

托シ衣物ヲ與ヘテ家ニ歸シタリトゾ時ニ日吉年十歲ナリ。

日吉年十六ニシテ遠江ニ行キ松下之綱ノ家奴トナル之綱其才ヲ

愛シ事每ニ是ヲ使フ。一日之綱甲冑ノ製ヲ問ヒシニ、日吉曰ク尾張

テ、ダニコット聞ェタリ、凡テ斯ル大都會ニハ種々ノ反對ナル事ノ、

互ニマジレルハ世ノ常ナレド、倫敦バカリ甚シキハナシ其中ノ一

ニヲ數フレバ、木造ノ家ト煉瓦ノ家ト並ビ村落ト都府ト入リマジ

リ、廣キ街道アリ遊園アルカト思ヘバ、カタヘニハ狹キ巷アリ。

又宮殿アレバ茅舍アリ、富メル家モ貧シキ人モアリ、カナタハ德行

高ケレバ、コナタハ罪業深ク博識無智者、醜惡美麗、一トシテ有

ラザルハナシ。サレバ聰明ナル耳目ヲ具ヘテ、コノ都府ノ街道ヲシ

バシ逍遙シタランニハ是等ノ委シキ有樣ハ容易ク知ルコトヲ得

ベキナリ、

キュポラ Cupola 圓キ形ノ屋形ナリ.　　フールスカップ Foolscap 帽子ノ名ナリ。

第九課　豊臣秀吉ノ傳　一

けじきよき國ハあれども、

此國の此河のべの

此河の此橋のべの

かばかりの景色を知らず、

あハれあハれこれの都ハ、

まかゞやく花ぞかざせる、

そのをかに聳ゆる塔も、

神わざを行ふ寺も、

打わたす限りはるかに、

うち渡す限りはるかに、

あハれ、この景色を

其國の中にめでたき、

けじきにハ、志くものぞなき、

景色にハ似るものぞなき、

世をすぐす人ハ石木か、

この朝、さし出づる日に、

此河にうかべる舟も、

わざをきを營む家も、

なべて皆花ぞかざせる、

雲霧も晴れ渡るなり、

朝日かげ照り渡るなり、

何にたぐへてか見ん、

ト眺ゼシハ、明ナル眼ヲ開キ、ネンゴロナル感情ヲ起シット艶シク

森か、林か、あらぬかと、

陰にぞ、やがて消えぬなる。

眞黒に高き屋の上に、

飛びも來ぬべきけしきして、

うち見るだにも物すごし。

聞く、大きに眞黒なる

フールスカップを冠りたる

そも此さまハ、いづこぞや、

ト咏ゼシモ、サル事ゾカシ。サレドウオルツウオルス Wordsworth 氏ハ

夏ノ夜ノ、ホノボノト明ケ行キテ朝日ノ影ハ、未ダ露バカリノ霞ニ

ダニ、サヘヲレズシテ、纔ニ家々ノ軒端ニ、サシ入リタル折シモ、ウエ

ストミンスターノ橋上ニ立チテ、

疑はれたるほばしらの

足つまだてゝ、さむのぞき、

雲井をるかに立つ塔ハ、

これロンドン London の景色なり。

姿に似たるもゝ、いとをかし。

キユポラの様ハ、忘れものゝ、

三十三

倫敦ニハ、イブセキ家ノミ軒ヲ並ベテ、見ル目モ脈ハシキ街道ハ、數

百哩ニ亘レドモ、壯麗ナル家モ亦少カラズ、サレバ都府ノ中央ナル、稍

高キ處ニハ、聖保羅 St. Paul 寺ト云フ寺アリ、此寺ハ名高キ建築家レ

ン Wren 氏ノ建テタル者ニテ、世ニ比ナキ大伽藍ナリ、又西ノ方ニ當

リテ、デームス河ノホトリニハ、ウエストミンスター Westminster ノ大

寺ノ塔空中ニ聳エ、其下ニ英蘭ノ海陸軍事ニ勳功アリシ人々學術、

技藝ニ高名ナリシ人々ノ墓多シ。

昔、ロルドバイロン Lord Byron 氏ハ倫敦橋ノ畔ヨリ此都府ヲ咏メヤ

リテ、

　　煉瓦と烟の其中に、

　　ひとかたまりに固め成し、

　いづこかはてとしら帆あげ、

　　大船、小船、ちり、ほこり、

　　いど大きなるありさまは、

　行く其船ハ、かの見ゆる、

在ルヨリモ多シトゾカ、
レバ倫敦ノ都府ニテハ總
テノ人種言語國體ノ樣々
ナル人民ヲ見盡スベシ。斯
ル繁榮ノ都府ニテモ、富ミ
タル人ノミアルニハアラ
ズシテ貧民モ亦多シ是ヲ
盡クブライトンBrightonノ
城市ハ人口大約十萬三千餘アリ。
殆ド我國ノ名古屋市ニ同
ジ。ニ移ストキハ此貧民ノ
ミニテ彼城市ニ溢ル、ホ
ドニナルベシト云ヘリ。

水晶宮

出入ノ繁キニツレテ此ニ移リ住ム者モ亦甚ダ多シ。今其重ナル者

ヲ云ヘバ亞細亞ヨリハ支那人印度人ヲ初トシテ波斯人又ハアル

メニヤ Armenia 人來リ南亞米利加ノ西部ヨリハ祕魯智利ノ兩國人

來リ サンフランシスコ San Francisco 及其外太平海岸ノ城市ヨリハ

亞米利加人來リ歐羅巴大陸諸國ノ都府ヨリハ日耳曼人佛蘭西人

ハ云フモ更ニテ西班牙葡萄牙ノ兩國人魯西亞波蘭匈牙利又ハ瑞

西那威芬蘭等ノ人々來リ住メリ又蘇格蘭人ノ此都府ニ來テ住メ

ル者ハ其首府ナル エデンボルグ Edinburgh 府ニ在ルヨリモ多ク愛蘭人

ハ其都會ナル ベルファスト Belfast 府ニ在ルヨリモ多ク威勒士人ハ、

其都會ナル カルヂッフ Cardiff 府ニ在ルヨリモ多ク、日耳曼人ハ其都

會ナル フランクフオルト Frankfort 府ニ在ルヨリモ多ク猶太人ト希

臘人トハ其名邑ナル ゼリユサレム Jerusalem 府ト アデン Athens 府トニ

順ヒテ、一錢ノ質モナク檀柄ヲ取ル勞モナクテ、自由ニ上リ下リセ

ラレシ故ニ斯クマデ繁昌ナル地トハナリシナリ。

倫敦ノ街道ハ多クノ人群集シテ、朝ヨリ夕マデ引キモ切ラズ、揉ミ

合ヒ押シ合フ有様ハ天下ニ比類ナキコトニテ、譬フベキ物モナシ。

街道ハ廣ケレドモ甚ダ危フゲニ見エテ、輙ク行キ過ギ難ク、駟馬ニ

鞭ヲアテ、行クモアリ、四輪ノ馬車ヲ馳スルモアリ、又乘合ノ馬車、

其他種々ノ馬車ナドイト夥シキコトニテ、テームス河ニ架ケ渡セ

ル倫敦橋ヲ初トシテ其外十三ノ大橋ハ人馬ノ足音絶エ間ナク河

底ナル隧道ハ蒸氣車ノ往來甚ダ繁ク此河ヲ走ル汽船ノ數ハ數へ

モアヘヌバカリナリ。

倫敦ハ其國中ノ人ノミナラズ餘所ノ國々ヨリ汽船ニテ入リ汽車

ニテ出ヅル人ハ朝夕ゴトニ二十萬ニ餘レリト云フ。カク外國人ノ、

見ヌ街道少カラズト云フ。

カバカリノ大都府ナレバ、人ノ生死ノ數モ夥クバカリ多カリ平均

二是ヲ數フレバ四分時間毎ニ、一人生レ六分時間毎ニ、一人死ヌベ

キ割合ナレバ、一晝夜ノ間ニ生ルヽ者ハ三百六十人ニシテ、死ヌル

者ハ二百四十人ナリ、是ノミニテモ、人ノ數ハ日々ニ増リユクヲ况

シテ都府ノ人民ノ百分ノ三十七ハ、田舍ヨリ來テ、住居スル者ナル

ヲヤゝレバ是等ノ事ニ由リテ二十萬人ノ住ムベキ城市ヲ年々ニ

建テ添ヘテ三十哩ナル新街道ノ年毎ニ開クルナリグニ倫敦ハ一

大都府ニアラズシテ都府、城市村落ナドノ集リ合ヘル一大州ナリ。

斯ク賑ヘル倫敦モ昔ヲ尋ヌレバ驚クバカリノ小邑ナリシガ、斯ク

ヤウヤウニ榮エ來リシ源トイフハ目ノ前ニ近ク流ル、テームス

河ナリ此河ハ物ヲ積メル小舟ドモノ、晝夜ニ再ビ滿チ干スル潮ニ

ハ知ヲル、ナリ都府城市ノ大小モ是ト同シ定ニテ、土地ノ廣狹ニ

ハ拘ハラズ、人民ノ多寡ニテ定ムベシ。是ニ英吉利ノ倫敦ハ世界第

一ノ大都府ナリト名ニ負ヘルモゲニサル事ニテ、人口ハ殆ド四百

萬バカリ世ニ肩ヲ比ブベキ都府ナシ。

斯ル大都府ノ倫敦ハ其ノ國ノ首府タルノミニアラズシテ總テノ世

界ノ商業ノ首府ナリ抑モ倫敦ハ世界萬國ニ、アリトアル首府ト商

業ノ交際ヲスレバ、帆船モ汽船モ、コ、ヨリ萬國ヘ通ヒ、鐵道電線モ、

コ、ノ正中ヨリ東西南北ヘ續ケタリ.

此倫敦ハ、一大都府ト云ハンヨリハ、人家スキ間モナク建テコミタ

ル一大州ト云ハンコソ、フサハシカラメ、ソモ倫敦ノ廣サハ四州ニ

跨リテ縱ハ十六哩横ハ十二哩アリ其ノ街ヲ引キ合ハセテ、一筋ノ道

トスル時ハ八千哩アリ。サレバ此都府ニテ、一生涯ヲ送ル人モ未ダ

アリテ、常ニ燃燒ノ絕ユルコト無シ而シテ其燃料ハ、日々取ル所ノ
食物ナリ。

人爲ノ方法ハ吾等ノ容易ニ理會スベキ事ニテ總テノ燃料ハ是ヲ
燃燒スレバ、必ズ熱ヲ生ズ可シ、木炭、石炭、泥炭、油、脂肪ノ類ハ皆主要
ナル燃料ナリ又二個ノ物體ヲ互ニ摩擦スレバ、熱ヲ生ズルモノナ
リ彼乾キタル二個ノ木片ヲ互ニ摩擦シテ、火ヲ發スル如キ即チ是
ナリ。

第八課　倫敦

河ハ長シトテモ、必ズシモ廣キニアラズ廣シトテモ、必ズシモ深キ
ニアラズ、サレバ河ノ大小ハ其長短廣狹ノミヲモテ大ヤウニ定ム
ベキ者ニハアラズ海ヘ流レ落ツル水カサノ多少ニ由リテ委シク

綿羽毛ノ如キモノ、亦此種類ナリ。

フラネル綿布ノ如キハ、吾等ノ身體ヲ暖ムルノ力アリヤ、然ラザレ

バ、衣服蒲團等ハ、吾等ニ熱ヲ與フルコトナカル可シト考フル人ア

リ、サレド是レ正シキ考ニアラズ、何トナレバ、フラネル綿布等ハ、熱

ノ不良導體ナルニ由リ、外部ヨリ熱ヲ與フル物ニハアラザレド、唯

吾等ノ體熱ヲシテ、外面ニ放散セシメザルヲ以テ、能ク其温ヲ保ツ

ニ過ギザレバナリ。

吾等ガ熱ヲ受クルニ、二大源アリ、其一ハ天然ノ熱源ニシテ、其二ハ、

人爲ノ方法ナリ。太陽ハ浩大ナル熱ノ源泉ニテ、此光體ナケレバ、地

球沙漠ナル一大塊トナリ、人類動物トモニ生存スルコト能ハザ

ル前ジ、又地球ノ内部モ熱キ者ニテ、地中ニ入ルニ隨ヒ、漸次温熱ヲ

增スモ、亦天然ノ熱源ナリ、且吾等ノ體内ニモ、自然ニ温熱ノ存スル

氣ヲ冷ヤストキハ、全ク反對ノ事ヲ生ズルナリ即チ寒冷ノ增スニ

隨テ、蒸氣ヲ液體トナシ其液體ヲ更ニ固體トナスベシ彼水蒸氣中ヨリ熱ヲ除ケバ、水トナリ、水ヨリ熱ヲ除ケバ固體ノ氷トナル如キ是ナリ。サレバ固體液體氣體トモ其含蓄スル熱ノ分量ニ由テ其情

態各相同ジカラザルナリ。

物體ノ中ニハ、容易ニ熱ヲ傳フルモノト傳ヘザルモノトノ區別アリ容易ニ熱ヲ傳フルモノヲ、熱ノ良導體ト云ヒ、容易ニ傳ヘザルモノヲ不良導體ト云フ例ヘバ金屬ハ熱ノ良導體ニテ彼火箸ノ一端ヲ火中ニ入ルレバ他ノ一端直ニ熱ス可シ又藥鑵ノ鉉ハ其體ノ熱ヲ導キテ忽チ熱スルナリ。サレド燃エタル薪ノ他端ヲ握ルモ更ニ熱ヲ感ズルコトナシ又短キ蠟燭ニ火ヲ點ジテ是ヲ握ルモ亦然リ。故ニ木ト蠟トノ如キハ是ヲ熱ノ不良導體ト云フナリ。プラネル紙、

二十四

痕跡ヲ見ルコト能ハズ、サレ℃是ヲ構成セル物質ハ是ガ爲ニ、一原
子ヲモ消滅セシニアラズ是ヨリ發出スル瓦斯及烟灰等ハ吾等ノ
目ニハ見ルベカラザル物ナルモ細ニ其量ヲ秤量シ得ベシ而シテ
其全量ハ、燃燒前ト更ニ異ナルコト無シ、サレバ是ニ關シテ、左ノ眞
理アリ即チ吾等ハ些少ノ物質ニテモ、是ヲ消滅セシムルコト能ハ
ズ、又是ヲ創造スルコト能ハズ、只吾等ハ其情態ヲ變ズルコトヲ得
ベキノミ。

又液體ヲ熱スレバ蒸發スルモノアリ即チ液體ヲ熱スルトキハ吾
等ノ目ニ見エザル瓦斯狀ノ蒸氣トナルベシ、水ヲ熱スレバ蒸發シ
テ、水蒸氣トナルガ如キ即チ是ナリ、又或ル固體ハ、一タビ液體トナラ
ズシテ、直ニ蒸氣狀ニ變ズルモノアリ、彼劇毒ナル砒霜石ハ固體ヲ
リ、直ニ蒸氣ニ變シ空氣ヨリモ、十倍重キモノトナルベシ、サレド蒸

二十三

依テ膨脹シ、熱滅シテ收縮スル者ナリ例ヘバ鐵道ノ接ギ合ハセハ、

決シテ密接スルコト無シ是レ熱ノ爲ニ膨脹スルノ餘地ヲ存セン

トテ斯クハ爲シタルナリ又寒暖計ハ液體ノ膨脹收縮スル規則ニ

從テ働クモノナリ即チ水銀若クハ酒精ガ寒暖計ノ管内ヲ昇降ス

ル他ノ方向ニ廣ガルコト能ハザレバナリ。

熱ハ物體ノ情態ヲ變ズル者ナリ彼固體ヲ熱スレバ其情態變ジテ

液體トナル事アリ即チ氷ヲ温ムレバ水トナルガ如キ即チ是ナリ又

鐵ノ如キモノニテモ非常ノ熱ヲ加フレバ自由自在ニ流動スル液

體トナル可シサレモ固體ヲ熱スレバ悉ク液體トナルモノニアラ

ズ木若クハ紙ノ如キハ是ヲ熔解セントスルモ決シテ液體トハナ

ラザルナリ是ヲ熱スレバ他ノ形狀ニ變ズ可シ。

是等ノ固體ヲ熱スレバ吾等ノ目ニハ烟ト少許ノ灰トノ外他ニ其

第七課　熱

人トシテ熱ヲ感ゼヌ者ハナカルベシ特ニ夏ニ於テ是ヲ感ズルコト、最モ甚シトスサレバ熱ノ何物ナルカヲ説明スルハ容易ノ事ニアラズ但シ吾等ハ熱ガ、如何ナル事ヲ爲スカト云フハ能ク知ル所ナリ是ヲ再言スレバ吾等ハ熱ノ影響ヲ知ルナリ。

熱ハ物體ヲシテ増大ナラシムルコト吾等ノ能ク知ル所ニシテ地球上ノ萬物殆ド皆熱ノ爲ニ増大セザルハ無シ彼ク熱シタル火箸ハ其冷ナル時ヨリモ夏ニ厚ク長キ如キ即チ是ナリ又主瓶若クハ鐵瓶ノ水ガ裳沸スルトキニ溢レ出ヅルコトアルモ亦水ノ増大スル一例ナリ。

熱ヲ受ケテ、物體ノ斯ク増大スルヲ膨脹ト云フ即チ各物體ハ熱ニ

汝等ハ已ニ資本ノ何物タルヲ知リタルナラン是ヨリハ更ニ進ミ

テ資本ヲ増殖スルコトヲ示ス可シ゚サテ資本ヲ増殖スト八是ヲ有

益ノ事業ニ利用シテ利益ヲ得其利益ヲ倹約シテ是ヲ利用シ以テ

其子母ヲ増益スルノ謂ヒナリ凡ソ學問ト云ヒ礒械ト云ヒ金錢ト

云ヒ若シ是ヲ藏メテ用ヒザレバ猶地味豊饒ノ田畑ヲ所有シナガ

ヲ是ヲ耕作セザルニ異ナラズ已ガ爲ニモ又人ノ爲ニモ毫モ利益

スル所ナシ諺ニ實ノ持チ腐リト云フ八即チ此類ノ事ナルベシ。

蓋浪費者八、金錢ヲ得ルニ隨テ費ヤシ更ニ倹約スルコトナシ容嗇

者八倹約スト雖モ富ヲ隱シテ是ヲ利用スルコトヲ知ラズ只智者

八、倹約ノミヲ以テ足レリトセズ猶是ヲ有益ノ事業ニ利用ス是ヲ

以テ常ニ倹約シテ富ヲ増益シ以テ製産ノ資本ヲ作ルナリ。

子母トハ利息ト元金トノ事ナリ。

壹錢餘ハ即チ繁吉ガ賃銀三日餘ニ當ルナリ、サレバ其利息金ハ繁

吉ニ代リテ三日餘勤勞セリト云フモ可ナリ、此三拾圓三拾錢ハ繁

吉ガ儉約ノ結果ニシテ即チ資本ト成リテ更ニ利息ヲ生ズルナリ。

而シテ資本ハ富ニシテ又新ニ富ヲ生ズ可シ、儉約ヨリシテ新利ヲ

生ズルノ功能ハ、斯ク大ナル者ナリ。

汝等教育ヲ受クレバ必ズ是ヲ躬ニ行フベシ、機械ヲ得レバ必ズ是

ヲ工作ニ用フ可シ、金錢ヲ得レバ些少ト雖モ必ズ是ヲ儉約シテ有

益ノ事業ニ利用ス可シ、決シテ彼客嗇者ニ傚ヒテ是ヲ土中ナドニ

隱スコト勿レ、是ヲ鐵道ノ布設ニ充ツルモ可ナリ、開墾ノ事業ニ充

ツルモ可ナリ、又ハ製造所ノ建築費ニ用フルモ可ナリ、或ハ又是ヲ

適當ノ人ニ貸シテ利用セシムルモ可ナリ、斯ク資本ヲ使フコトヲ

即チ善ク資本ヲ利用ストハ云フナリ。

十九

賃銀五拾錢ヲ取レリ。繁吉ハ儉約ヲ守リ、日々必ズ五拾錢ノ中ヨリ、

拾錢ヲ省キテ是ヲ囊中ニ貯ヘタリ。

繁吉ハ元來至テ勉強ナル男ニテ、日曜大祭日ノ外ハ休業スルコト

ナク、一年中僅ニ六十二日ノ休業ヲ取レリ。故ニ其貯ヘタル金額ヲ知

ルノ日數ハ、三百三日ナリ。一年ノ後ニ、繁吉ハ其貯ヘタル金ヲ得タリ。此時、自

ラント、テ囊ヲ開キテ是ヲ算フルニ、三拾圓三拾錢ヲ得タリ。此時、自

ヲ以爲ラク吾レ此金ヲ囊中ニ藏メ置クモ、囊ハ吾ニ一厘半毛ノ益

ヲ與フルコトナク、三拾圓三拾錢ハ依然トシテ、三拾圓三拾錢ナル

ノミ。サレバ是ヲ貯金所ニ預ケテ利息ヲ得ルニ若カズトテ、其全額

ヲ貯金所ニ預ケタリ。

一年ヲ經テ其金ハ增シテ、三拾貳圓拾壹錢餘トナレリ。是レ其金ヲ

利用セシガ爲ニ、利息金壹圓八拾壹錢餘ヲ得タルナリ。此壹圓八拾

十八

ヲ與ヘシカバ商業モ爲ニ振起ノ兆ヲ顯セリ。長崎堺浦京都ノ商人

ニハ、政府ヨリ朱印ヲ得テ呂宋安南等ノ地ニ渡航スル若、凡テ九級

アリテ、是ヲ朱印船ト稱シ、互ニ規約ヲ立テ同心シテ利ヲ共ニシ患

難ヲ濟ヒ、飮酒ヲ戒メ外國人ヲ欺カザランコトヲ務メタリ。又葡萄

牙等ノ國ヨリモ競ヒ來リテ貿易スルニ由リ外國貿易ノ盛ナルコ

ト前日ノ比ニアラズ。而シテ堺浦ノ地ハ從來貿易ノ爲ニ、大ニ繁榮

シケレバ豪富ノ家モ少カラズ技藝ニ長ゼル人モ多ク出デシガ、秀

吉ガ大坂ニ居リショリ、大坂ハ大ニ富贍ノ地ト爲リ遂ニ堺浦ノ右

ニ出ヅルニ至レリ。

第六課　資本

或ル處ニ、一個ノ職工アリ、名ヲ繁吉ト云フ。日々或ル工塲ニ勤メテ、

十七

シナリ。且城ノ瓦ハ支那ノ工人ヲシテ、燒カシメタレバ明人造瓦ノ

法始テ我邦ニ入ルヌ又一般ノ家屋ノ制ニ就キテハヌレ綠ツギアゲ

窓ハ秀吉ノ時代ニ起リシ者ニテ雨戶モ此頃ニ始マリシナラン家

康ガ大坂ニ赴キ秀吉ニ會面セシ時關東ニハ未ダ雨戶ノ設アラザ

リシカバ家康ノ從士ハ雨戶ヲ引ク音ヲ聞キテ大ニ駭キシト云フ。

當時工人ハ其造ル所ノ器ニ漫リニ天下一ト題スルコト行ハレシ

ガ信長ハ京都ノ名工ノ集議ヲ經テ是ツ定メシメ秀吉ハ角坊ガ造

レル猿樂ノ假面ノ精妙ナルヲ愛シ家康等ト議シテ是ニ天下一ノ

號ヲ授ケ白銀五十枚ヲ賞與セシガ如キハ工業ノ進步ヲ促シタル

コトアリシナラン。

秀吉ガ海內ノ大柄ヲ總攬スルニ及ビ、大判、小判、步判ノ金貨天正通

寶文祿通寶ノ銀錢銅錢ヲ鑄造シテ貨幣俄ニ增加シ、大ニ流通ノ便

デ、大石ヲ疊ミテ基礎トシ、七層ノ樓ヲ起シ、金碧燦煌トシテ雕鏤目ヲ奪ヒ、頗ル堅牢ニ頗ル美麗ナリシカバ、足ヨリ築城ノ法大ニ備レリ。

當時將士ノ、軍ニ出ヅルニハ、陣羽織ヲ著セシガ、一隊ノ長ハ錦又ハ縞子ナドヲ用ヒ、繪ガケルモアリ縫モノセルモアリテ、其様一様ナラザリ。

鎧武者

吉ノ嗣子秀次ハ俗徒ニ命シテ謡曲百番ノ註解ヲ作ラシメシ程ノ

事ナレバ、大名ノ輩皆爭ヒテ是ヲ學べリ茶ノ湯ハ千利休大ニ其式

ヲ定メテヨリ殊ニ盛ニナリ、君臣一小室ニ相會シ配膳點茶皆其主

人タル者是ヲ親シクシケレバ、大ニ武人親密ノ媒ト爲リ、上下是ヲ瀹

べリ且茶器ノ世ニ貴重セラレタルコトモ、亦甚シクシテ或ハ戰ノ

敗ルゝニ及ビテ茶壺ヲ抱キテ逃走シ或ハ茶釜ヲ擁シテ、火ニ投シ

テ死スル者アルニ至レリ 相撲モ當時ハ、大ニ行ハレテ相撲ト云フ

一種ノ人アリテ政府ヲ始トシテ、大名爭ヒテ是ヲ養ヒ相撲奉行或

ハ相撲取支配方ト云フ數名ノ役人ヲ置キテ是ヲ掌ラシメタリ。

城郭ハ從來極メテ粗糙ニシテ山城平城ノ別ニ山テ少異ハアレド、

其塀ノ高サハ概ネ五六尺ニ過ギザリシガ信長ガ安土城ヲ築クニ

至リテ、大ニ其面目ヲ改メタリ此城ハ、支那法ニ依ノテ造リシ者ニ

ザルハナシ而シテ薩摩燒ハ薩摩ノ國主島津義弘ガ、彼地ノ陶工十

七人ヲ携ヘテ歸リシニ、今ニ至ルマデ子孫其業ヲ傳ヘタリ。又

入江賴明ト云フ人此役ニ從ヒシガ、明人吳林達ニ遇ヒテ鍼醫ノ術

ヲ得タリ。杉山流ハ實ニ此ニ本ヅキシ者ナリ。活字版ノ法モ朝鮮ヨ

リ傳ヘタルモノニテ、當時是ヲ一字版ト稱シ、後德川家康ハ是ヲ以

テ多ク書籍ヲ印行セリ。爾來文學ノ稍盛ナルニ至リシモ、恐ラクハ、

此役與リテ功アリシナラン。

第五課　織田豐臣時代ノ概說　三

足利時代ノ遊藝モ亦多クハ當時ニ傳ハリ、猿樂ハ、益盛ニシテ、秀吉

ハ、齡五十ヲ過ギテ始テ是ヲ學ビ、自ヲ立チテ舞フノミナラズ、吉野

ノ花見高野參詣明智征伐柴田征伐北條征伐ノ新曲ヲ奏セシメ、秀

十三

其後此教法ハ益熾ニシテ日本全國至ラザル所ナカリシガ秀吉ハ、

其法ノ終ニ國家ニ害アランコトヲ察シ南蠻寺ヲ破却シ其教ヲ嚴

禁シ傳教師ヲ磔刑ニ處シタリ時ニ日本在留ノ傳教師ハ三百餘人

ニ及ビ寺院ハ二百五十箇所ニテ改宗ノ土人ハ三十萬人ニ至レリ

トゾ是ヨリ先キ肥前ノ大名大村民部大輔純忠有馬修理大夫義純

等使者ヲ呂宋船ニ托シテ羅馬ニ赴カシメ其教ヲ傳習セシガ此時、

葡萄牙人ニ從ヒ地球儀時辰儀秋時計等ヲ齎シテ歸レリ此中時辰

儀ハ縉ニ大內義隆印度人ヨリ是ヲ得シガ是ニ至リテ再ビ傳ヘタ

り。

朝鮮征伐ハ前後七年ノ役ニテ使聘常ニ相往來シケレバ此ニ由テ、

彼土ノ風ヲ移シ、者モ亦少カラズ就中陶冶ノ術ハ朝鮮人ノ來リ

テ傳習セシ者頗ル多クシテ藥燒萩燒有田燒薩摩燒ノ如キ皆然ヲ

第四課　織田豐臣時代ノ概説　二

織田豐臣ノ時代ニ方リ、大ニ世上ニ影響ヲ及ボシ、者ハ耶蘇教ノ
傳播ト朝鮮ノ役トナリ。

耶蘇教ハ天文ノ末ニ葡萄牙人、九州ニ來リテ始テ是ヲ弘メシガ信
長ハ、大ニ是ヲ信シ、京師ニ南蠻寺ヲ起セリ南蠻トハ當時葡萄牙英
吉利等ノ諸國ヲ總稱セシナリ南蠻寺ノ傳教師ハ葡萄牙人ニシテ、
信長ハ此寺院ニ近江國伊吹山ノ地五十町ヲ寄附シケレバ傳教師
ハ、本國ノ奇草異木ヲ植ェテ藥園ヲ設ケ西洋植物ノ學始テ此ニ胚
胎ス傳教師ハ又弘教ノ資ト爲サントシテ貧人ノ難症ノ病ヲ療シ、
又葡萄酒、ミリンチウ、カステイラ、カルメヒル、アルヘイル、コンベイ
ルヲ與ヘテ、說教シケレバ西洋治療ノ法及飲食物亦我邦ニ入レリ。

十一

滅シテ後ハ鉅大ノ大名尚多シト雖モ皆奔走シテ、其命ヲ奉ゼザル

ハナク、世始テ小康ニ屬セシニ由リ、終ニ餘力ヲ以テ、兵ヲ朝鮮ニ用

ヒ、武ヲ海外ニ輝カシタリ。是亦曠世ノ偉業ナリ。秀吉ハ、大老中老、五

奉行ヲ置キ、政事ヲ裁決シ、又全國ノ田地ヲ丈量シ、三百步ヲ以テ一

段ト定メ、田祿ヲ計フルニ幾千石幾萬石ト云フ稱ヲ用ヒ、租稅ハ三

分ノ二ト爲セリ。是ヨリ前ハ、三百六十步ヲ以テ一段ト爲シ、ガ、英

雄割據ノ世ニテ、各國政ヲ異ニシタレバ、漸ク頽レテ、三百步ト爲ス

者モアリキ。又田祿ハ、錢ヲ以テ計ヘテ、何百貫何千貫ト云ヒシガ、石

高ヲ以テスル事モナキニアラズ、租稅モ隨テ一定セザリシガ、是ニ

於テ盡一ノ法ヲ設ケタリ。然ルニ秀吉モ、關白タリシヨリ二十年ヲ

出デズシテ斃シ、大權終ニ德川氏ニ移リシカド、其遺謀ハ德川氏ノ

資トナル者多シ。

ヒシガ如キハ意ヲ民事ニ用ヒシ者ト謂フベシ是レ皆當時ノ大名
ガ、王室ヲ輕蔑シ、神領ヲ強奪シ、政事ヲ放棄シタルノ比ニアラズ弱
肉強食互ニ相呑噬シ悖逆ヲ以テ事ト爲セル世ニ於テ最モ希ニ覩
ル所ニシテ、人心ヲ鼓舞シ、風教ヲ維持セシコト少カラズ然レ圧信
長ハ、永祿十一年ニ始テ京師ニ入リテ足利義昭ヲ擁立シテ征夷將
軍ト爲シ、六年ニシテ、終ニ足利幕府十二代リシモ僅ニ十年ニシテ明
智光秀ニ弑セラレ中道ニシテ薨去シケレバ其政令ノ及ブ所ハ二
十餘國ニ過ギズシテ、日本全國ニ被ルコト能ハザリキ。
豐臣秀吉、山崎ノ一戰ニ、光秀ヲ誅シ信長ノ基業ヲ繼ギショリ、旌旗
ノ向フ所摧破セザルハナク、終ニ海内ノ大權ヲ掌握シ關白、太政大
臣ト爲レリ武家ノ關白タル、古今ニ亘リ絶エテ無キ所ニシテ又卑
賤ヨリ出デ、此地位ニ昇リシモ亦古來一人ノミ而シテ北條氏ヲ

ク至導ト雖モ其厄ヲ免レタマハズ宮闕ハ圮壞シテ修ムルコトナ
ク外國ニハ僅ニ竹籬ヲ繞ラシケレバ群兒ハ恣ニ其内ニ入リテ、主
ヲ擲シテ相戲レシカド是ヲ禁ズル者トテハナク搢紳ハ衣食ノ資
ヲ失ヒテ四方ニ流離セリ時ニ尾張ノ國ニ、一人ノ英傑ヲ出セリ織
田信長是ナリ此人ハ原來勇邁果斷ノ資ヲ具ヘ漸次ニ諸國ヲ略定
シ心ヲ王室ニ留メケレバ首トシテ禁裏ヲ修造シ、金銀ヲ京中ノ商
人ニ貸シ其利息ヲ以テ朝廷ノ供御ニ充テ又已ニ絶エタル公卿ノ
家ヲ再興シ、廷臣ノ沽却セシ領地ヲ償ヒ、是ヲ本主ニ返付セシカバ、
京師ハ少シク舊觀ニ復セシト云フ信長ハ又伊勢ノ神官ヲ改造シ、
正遷官ノ式ヲ行ヒ三百年來ノ墜典ヲ舉グシハ實ニ敬神ノ道ヲ明
ニセシモノナリ又東海東山ノ道路ヲ修シ、松柳ヲ其兩側ニ植ヱ關
梲ヲ除キ行旅ニ便シ、又遊獵ノ際自ヲ民屋ニ入リ邑宰ノ邪正ヲ問

ノハ皆灣流ノ氣候ヲ變ズルニ由ルナリ。

此外ニ又赤道ノ洋流アリ太平洋ノ洋流アリ。而シテ北太平洋ノ洋流ハ其流暗綠色ニシテ温暖ナリ。故ニ是ヲ黑潮ト云フ。此黑潮ハ、我日本ノ太平洋ニ面セル方ヲ進ミ、北亞米利加ノ海岸ニ向ヒテ流レ去ルニ由リ是ヲ日本洋流トモ稱ス。我國ノ氣候温和ナルハ此洋流ノ力ニ由ルモノ多ク又海産ノ豊富ナルモ其影響ニ出ヅルモノナラント云フ。

第三課　織田豊臣時代ノ概説　一

足利幕府十五代二百三十八年ノ間ハ天下ノ喪亂巳ム時ナカリシニ、就中、山名、細川二氏ノ確執ニ由リ、應仁ノ亂ヲ釀シ、以後ハ京都ノ有樣ハ最モ衰頽ヲ極メタリ。サレバ庶民ノ難儀ハ言フマデモナ

大トナリテ益〻淺シ其灣流ノ一部ハ分レテ歐羅巴ノ海岸ニ沿ヒテ

走リ、遂ニ氷洲ト、スカンヂナビア Scandinavia トノ間ヲ過ギテ亦北氷

洋ニ入ルナリ。

此灣流ノ速力ハ、初メ海峽ヲ出ヅル時ハ、一時間ニ概ネ四哩ナレ𛀀、

是ヲ距ルニ從テ漸ク減少ス其溫度ハ、上流ニアリテハ華氏八十六

度ニシテ、ニュホンドランドニ至ルノ後モ、猶灣流ト其兩側ノ水トノ

差ハ、冬日ニテ二十度乃至三十度ナリ、故ニ嚴冬モ猶溫暖ノ氣ヲ帶

ビタルヲ以テ其北ニ進ムヤ往々霧ノ生ズルヲ見ルナリ。又此灣流

ノ功用ハ、歐羅巴海岸ノ諸國ノ氣候ヲ調和スルヲ以テ最モ大ナリ

トス、蓋灣流ハ、大洋ノ冷水ヲ覆ヒテ、其面ニ溫暖ナル衣服ヲ被ラス

ルガ如シ是ガ爲ニ冬月ニアリテ歐羅巴ノ嚴寒ヲ緩和ニシ彼愛爾

蘭ニ綠玉島ノ名ヲ與ヘ英國ノ海岸ニ常綠色ノ衣ヲ被ラシムルモ

六

者トス即チ一地方ノ水ハ酷熱ノ爲ニ膨脹シテ輕薄トナリ他ノ地
方ノ水ハ寒冷ノ爲ニ收縮シテ濃厚トナリ兩地ノ水ノ比重ニ、
差異ヲ生ズ其他種々ノ原因ニヨリ熱帶地方ト兩極地方トノ間ニ
ハ、自ヲ一定ノ關係ヲ生ジテ熱帶地方ノ輕キ水ハ表面ニ浮ビテ極
地方ニ流レ極地方ノ重キ水ハ下底ニ沈ミテ熱帶地方ニ流レ以テ
互ニ交換スベキハ必然ノ理ナリ。

洋流ノ中ニ最モ壯大ニシテ世人ノ能ク知ル所ノモノハ灣流ナ
リ或ハ是ヲ名ヅケテ大洋中ノ河トモ云ヘリ此灣流ハ旱ニ逢フモ
減ズルコト無ク洪水アルモ汎濫スルコト無シ其兩側及底ハ、冷水
ナレバ此灣流ノミハ温暖ナリ、墨西哥灣ハ其源ニシテ、北氷洋ハ其河
ロナリ其流ル、ヤ、フロリダ Florida 海峽ヲ經テ殆ド亞米利加ノ海
岸ニ平行シテ、北ニ走リ、ニュホンドランド Newfoundland ヲ歴テ漸ク濶

涙ニ咽ビケリ。

斯クテアルベキ事ナヲネバ急ギ二人ハ吾家ニ歸リテ其家僕ノ葬
式ヲモ丁寧ニ執リ行ヒ石碑ヲ建テ、事ノ荒マシヲ逃ベ其下ニ「凡
ソ人ハ友侶ノ爲ニ己ノ身ヲ棄ツルヨリ大ナル忠愛ナカル可シト
記シテ此忠僕ガ美名ヲ永ク後世ニ傳ヘシトゾ。

　　第二課　洋流

洋流ハ、大洋中ニ於ケル、一種ノ流動ニシテ、恰モ血液ノ人身ヲ循環
スルニ異ナラズ此洋流ハ、沿岸諸地方ノ氣候ヲ調和シ且航海ノ爲
ニ便利ヲ與フルコトモ亦甚ダ多シ。

凡ソ大洋ノ水其重量ノ平均ヲ失ヒ、是ガ爲ニ流動ヲ起スノ原因ハ、
地球ヲ照ラス所ノ太陽ノ熱各地相同ジカラザルヲ以テ主要ナル

四

ト、互ニ顔ヲ見合ハスルノミ。行ク先キノ道ハ雪深ク馬モ今ハ二頭

トナリタレド先ノ宿驛ハ最早間近クナリニケリ。其時家僕ハ橇ヲ

リ下リ立チ小銃ヲ手ニ持チナガラ我ハ群ガル狼ヲ追ヒ返サン、君

等ハ此機ヲ失ハズ急ギテ馬ヲ走ラセ給ヘト云ヒケレバ、今ハ猶豫

スベキニアラズトテ主人ト今一人ノ同行者トハ家僕ニ勵マサレ、

馬ノ手綱ヲ控ヘツ、一鞭アテ、急ガセ難ナク先ノ宿ヘゾ行キ着

キケル。

サレバトテ家僕ヲ打チ捨テ置クベキニアラザレバ、數多ノ人足ヲ

呼ビ集メ、各手ニ鐵砲、松明ヲ用意セシメ、急ギテ家僕ヲ殘シ、場所

ニ來リシニ、コハツモ如何ニ、其處ニハ家僕ノ影ダニ見エズ。只雪ノ

上ニ血痕アルヲ見ルノミ。サレバ此家僕ハ、主人ノ危險ヲ救ハント

テ己ノ身ヲ狼ノ餌食ニ爲シツルナラント云ヒテ二人トモ悲嘆ノ

三

シニ狼ハ猶モ橇ヲ目掛ケテ、追ヒ來リケレバ今ハカナハシト思ヒ、一頭ノ馬ヲ放チ遣リ狼ノ餌食トナシタリ是ニテ狼ハ最早追ヒ來ルマジトテ急ギテ馳セ去リシガ再ビ狼ノ遠吠ヲ聞キケレバ狼ハ尚飽キ足ラヅ追ヒ來ルナラント思ヒ又々一頭ノ馬ヲ放チタリ。

三度メニ又狼ノ恐ロシキ聲聞ユケレバ、今ハ如何ニセシ

狼ノ群ニ遇ヒテ身ヲ挺ツ

高等小學讀本卷之六

第一課　家僕ノ忠愛

寒キ冬ノ日ニ露西亞ヲ旅行スル人アリテ四匹立ノ橇ニテ打チ出
デタリ同勢ハ主人ト家僕トノ外ニ一人ノ同行者アリシガ其行ク
先キハ雪深ク積リ飢エ凍エタル狼ノ群ヲ爲セルモ夥シキ事ニテ、
人畜ノ足ガ爲ニ害セラレタルモ少カラズト兼テ聞キ及ベリ。
サレド其同勢ハ更ニ恐ル、氣色モナクテ打チ連レ立チシガヤガ
テ山道ニ差掛リシ頃ニハ雪劇シク降リ來リ寒風佁木ノ枝ヲ搖カ
スサヘ殊ニ物スゴシ暫クシテ狼ノ遠吠スルヲ聞キシガ其聲次第
ニ近クナリ其足音サヘ聞ユル程ニゾナリニケル。
家僕ハ其橇ノ御者ナリシガ狼ノ聲ヲ聞クヤ否ヤ、一鞭アテ、急ギ

一

三二

二二

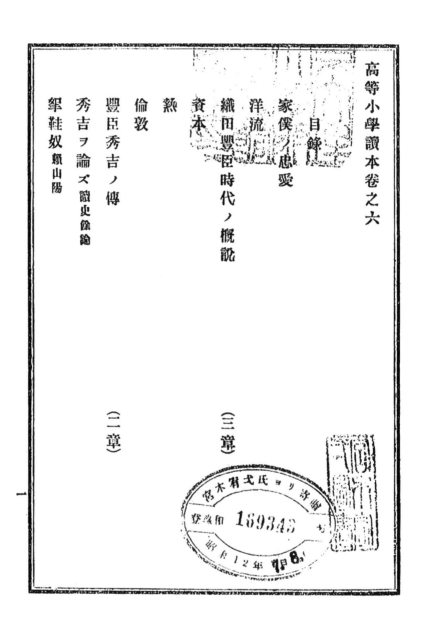

高等小學讀本卷之六

目錄

一

小學校教科用書

高等小學讀本

文部省編輯局

高等小學讀本

六

옮긴이 **성윤아**

상명대학교 SW융합학부 한일문화콘텐츠전공 부교수.
저서로 『역사로 풀어보는 일본: 일본어, 일본문학, 일본문화』(공저, 제이앤씨출판사, 2010), 『일본어 작문 무작정 따라하기』(공저, 길벗이지톡, 2012), 『근대 일본의 '조선붐'』(공저, 역락, 2013), 『近代朝鮮語会話書に関する研究: 明治期朝鮮語会話書の特徴と近代日本語の様相』(제이앤씨출판사, 2014), 『近代朝鮮語会話: 資料解題』(가연, 2014), 『일본 대중문화의 이해』(역락, 2015), 『근대 일본인의 한어학습』(가연, 2018) 등이 있으며, 역서로 『두뇌혁명』(세경북스, 1998), 『과학기술입국의 길』(한국경제신문사, 1998), 『언어와 문화를 잇는 일본어교육』(공역, 시사일본어사, 2012), 『곁에 두고 읽는 탈무드: 내 인생에 열쇠가 되어 준 탈무드의 지혜』(홍익출판사, 2016), 『당뇨리셋: 하버드 의대 당뇨병센터』(작은우주, 2018) 등 다수가 있다.

상명대학교 한일문화연구소 번역총서 06

고등소학독본 6

1판 1쇄 인쇄_2020년 09월 30일
1판 1쇄 발행_2020년 10월 10일

© 성윤아, 2020

옮긴이_성윤아
발행인_양정섭

펴낸곳_경진출판
　　　등록_제2010-000004호
　　　이메일_mykyungjin@daum.net
　　　사업장주소_서울특별시 금천구 시흥대로 57길(시흥동) 영광빌딩 203호
　　　전화_070-7550-7776 팩스_02-806-7282

값 20,000원

ISBN 978-89-5996-751-3 94370
ISBN 978-89-5996-492-5 94370(세트)

※ 이 도서의 국립중앙도서관 출판예정도서목록(CIP)은 서지정보유통지원시스템 홈페이지(http://seoji.nl.go.kr)와 국가자료공동목록시스템(http://www.nl.go.kr/kolisnet)에서 이용하실 수 있습니다. (CIP제어번호: CIP2020039376)